Les Who

rock & folk

*Collection dirigée
par Jacques Vassal*

GEORGE TREMLETT

LES WHO

albin michel/rock & folk

Traduit de l'anglais par Alain Dister
assisté de Julie Pupin et Jacqueline Ledresseur

Textes hors traduction Alain Dister

Maquette de mise en page
Daniel Fuhrmann

Édition originale anglaise
The Who
Futura Publications Limited
© George Tremlett Limited 1975

Édition française
© Éditions Albin Michel, 1977
22, rue Huyghens, 75014 Paris
I.S.B.N. 2-226-00530-7

Les Who... Un beau jour de 1965, c'était une affiche à l'entrée de l'une des salles du Moulin-Rouge, tout près de la place Blanche. On y avait installé un dancing, la « Locomotive », et les groupes français pouvaient s'y produire. La vedette maison était Ronnie Bird. Il chantait d'honnêtes adaptations de quelques succès anglo-saxons, tirés du répertoire des Beatles, des Kinks ou... des Who.

Et puis un jour, le patron de la boîte avait eu l'idée de faire venir les créateurs originaux de ces chansons. Les Who étaient là, dans une salle surchauffée, devant un public très excité qui leur ressemblait un peu. La scène étroite avait peine à contenir les quatre musiciens et leur matériel, imposant pour l'époque. Ils bougeaient beaucoup, transformant ce petit espace en une espèce de boule d'énergie au rayonnement implacable. On n'avait jamais vu une chose pareille chez nous, même à la grande époque du Golf Drouot. C'était comme si la foudre s'était abattue sur un public à peine remis des premières apparitions des Beatles et des Rolling Stones.

Roger Daltrey jouait avec son micro comme avec un lasso ou pour caresser les cymbales. Il bégayait, se balançait d'avant en arrière, défiait constamment les spectateurs des premiers rangs. La colère faite homme. Pete Townshend, lèvres pincées, regard pointu, martelait les cordes de sa Rickenbaker, sans se soucier d'en faire sauter une de temps à autre. Il y avait quelque chose de froidement violent dans son attitude, comme une volonté délibérée de faire mal à son instrument. Vers la fin du concert, dans un tonnerre de feed back, il l'empoignait par le manche et en assenait de grands coups sur la scène, méthodiquement, jusqu'à ce qu'il commence à voler en éclats. Et, comme si cela ne suffisait pas, il se servait des débris pantelants pour défoncer les grilles de protection de ses amplis. Le tout dans une atmosphère de délire, de cris, de stridences : bruits électriques saturés de larsen. Et Keith Moon envoyait ses baguettes vers le public, renversait ses fûts et passait au travers de la grosse caisse. Seul, John Entwistle gardait l'apparence d'un calme distant, légèrement dédaigneux pour ces violences théâtrales.

Ce qui frappait, c'était la différence entre l'attitude musicale délibérément brouillonne, la violence instrumentale, la colère pas toujours feinte et la mise très stricte des quatre garçons, leur élégance vestimentaire, l'ordonnancement impeccable de leurs coiffures et de leurs jabots de dentelle... Jusque dans les pires extrémités, ils restaient des « mods », parfaitement conscients de leur image.

Mods, ils l'étaient encore beaucoup en 1965. Depuis trois ans, ce mouvement de la jeunesse anglaise en avait fait ses porte-parole, l'incarnation de ses désirs, de ses aspirations et de sa volonté de s'affirmer. « *Quand on était mod, on aimait les Who*», raconte Pete Townshend. Qui étaient ces fameux mods [1] ? Des millions de jeunes, nés pendant le boom de la fin des années 40, et arrivant à l'âge de la vie active dans une société pas particulièrement prête à les accepter. Selon Townshend, c'était comme une armée, un mouvement patriotique presque, assumant et revendiquant sa nature de sujet britannique [2]. Le principal souci des mods était de consommer, le plus possible et le plus vite possible. Pour cela, ils devaient travailler, donc le plus souvent quitter l'école. Le mouvement mod était acceptable en soi. Les coupes de cheveux bien nettes, les costumes de bonne apparence — sinon de bonne qualité — et l'air de vouloir tout bouffer ne déplaisaient pas au patronat. L'autre souci des mods était d'écouter un maximum de musique, si possible dans les endroits en vogue, comme le Marquee Club à Londres. Alors, pour rester éveillés jour et nuit, ils avalaient une quantité de pilules amphétaminées, connues sous le nom de « purple hearts ».

Les mods venaient des classes moyennes, et leurs grands ennemis étaient les rockers, venus du prolétariat et attachés à des formes musicales antédiluviennes. Quand les deux groupes se rencontraient la bagarre était inévitable. Pen-

1. Voir le chapitre consacré au mouvement *mod* dans *Le Rock anglais*, par Alain Dister, dans la même collection.
2. Interview de Pete Townshend publiée dans *Rolling Stone*, en 1968.

1. Les Who à Ready, steady, go, 1965. *(Photo J.-L. Rancurel)* ►

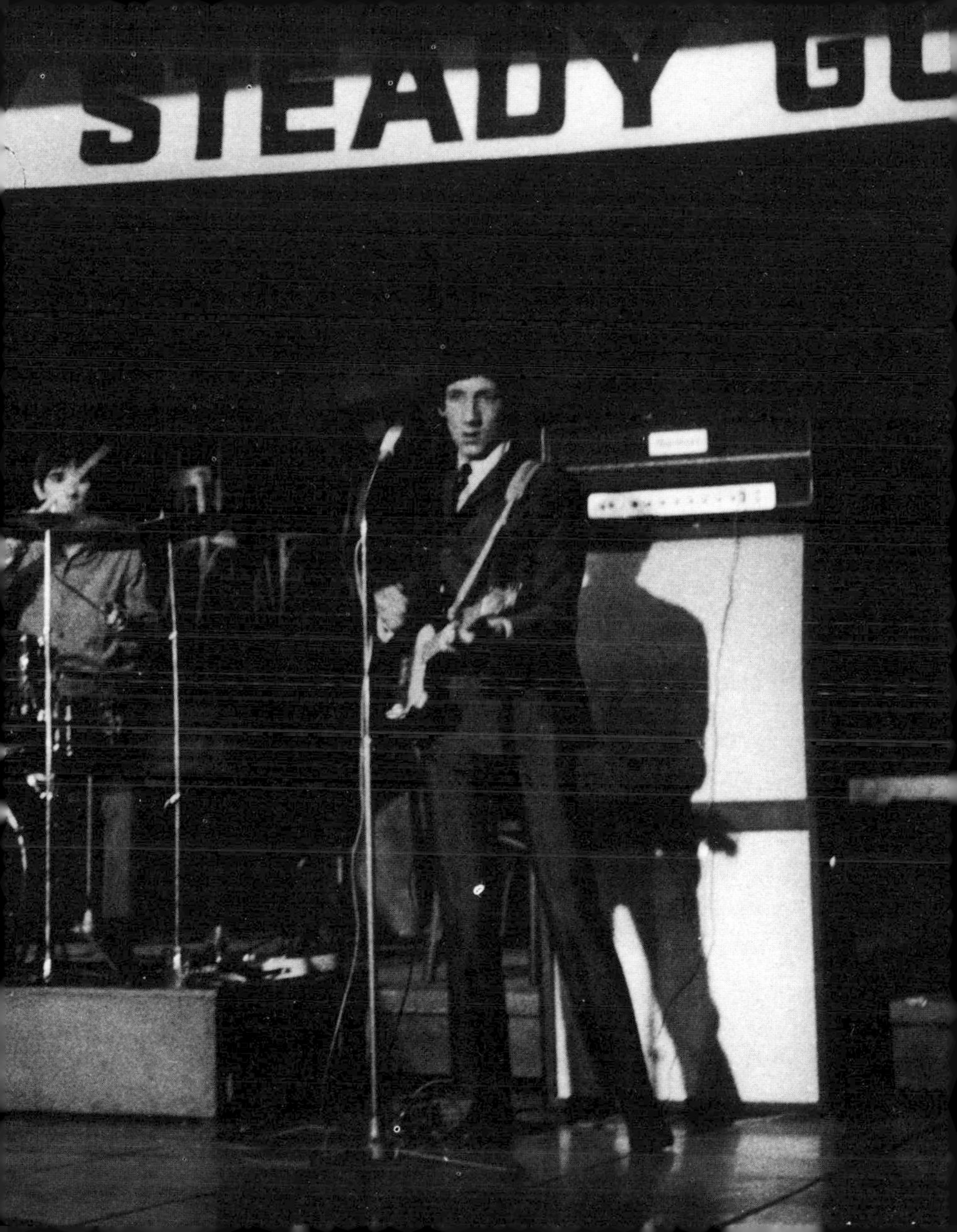
STEADY GO

dant plusieurs années, entre 1962 et 1965, les plages du sud de l'Angleterre furent même le théâtre de monstrueuses batailles rangées.

Pour les mods, les Who étaient une voix, un reflet de leur propre image et peut-être aussi des guides, surtout dans le choix de leurs nouveaux vêtements. Mais dès 1966, la musique du groupe évolue à partir du rock and roll ou du rhythm and blues à la James Brown vers des formes plus sophistiquées. Le mouvement mod est en perte de vitesse. Un autre état de conscience apparaît, qui donnera bientôt naissance à un nouveau phénomène, les hippies.

Pour tout le monde, le mouvement hippie est officiellement né à San Francisco et plus particulièrement au festival de Monterey en juin 67. C'est du moins de cette manière qu'il s'est fait connaître des média. Mais il correspondait à quelque chose de plus ancien, une branche de la beat generation, elle aussi née à San Francisco. Les Who s'y frottèrent au cours de leurs tournées américaines, surtout en Californie. Daltrey avait alors changé son image de mod hargneux pour celle du flower power, avec une pointe de luxe dans la recherche vestimentaire : pantalons de velours fin, châle en soie de grande valeur... Mais si, pour beaucoup, être hippie c'était surtout se défoncer et s'habiller de façon extravagante, pour quelques-uns c'était aussi effectuer une réflexion en profondeur, démarche difficile que bien peu abordaient franchement.

Cette démarche, cette recherche amèneront Pete Townshend à rencontrer Meher Baba et surtout à concevoir *Tommy*, le premier rock-opéra. Pour les Who, cette œuvre marque une certaine apogée. Elle va tellement les marquer que, même encore aujourd'hui, il leur est difficile d'y échapper. *Tommy* apparaît dès l'album *Sell Out,* surtout dans le morceau intitulé « Rael ». Mais la conception de l'ensemble sera plus longue que prévu. Petit à petit l'idée-force va se dégager. Et, au bout du compte, on a affaire à un constat : *Tommy,* c'est la remise en question des gourous, donc, d'une certaine manière, de l'attitude de Townshend lui-même à l'égard de Meher Baba. C'est aussi un coup d'œil sociologique critique sur les grands courants messianiques qui traversent le mouvement hippie vers la fin des années 60. Et, peut-être plus que toute autre chose, c'est l'autocritique d'un groupe et d'un compositeur conscient de son impact sur les masses. L'histoire de Tommy évoque plus d'une fois les moments les plus fous de la Beatlemania. Peut-être même est-elle une évocation de cette période... Il semble que Townshend ait longtemps porté en lui cette œuvre et y ait inséré une multitude d'aspects de sa propre vie, réelle ou fantasmée. Comme s'il avait voulu construire un autre lui-même, chargé de tout ce qui pouvait l'embarrasser, comme si cet alter ego avait pu le délivrer de ses propres fantasmes. Tommy, portrait de Dorian Gray ou bouc émissaire porteur de tous les aspects noirs ou refusés de la personnalité de Pete Townshend ?

On comprend alors pourquoi il a tant de mal à se débarrasser d'un tel personnage. *Tommy* devient un spectacle de ballet, un film, une version orchestrale. Les Who sont quasiment obligés d'en jouer de larges extraits lors de leurs concerts. Et, quand enfin ils croient avoir dépassé cette période, c'est pour refaire un autre opéra — qui devait d'ailleurs s'appeler *Jimmy,* nom d'abord choisi pour

Tommy! — consacré à l'épopée des mods, donc aux Who eux-mêmes : *Quadrophenia.*

Ainsi, les Who semblent « condamnés » à se raconter éternellement, à mettre en scène leur époque et leur génération. Et quand cette génération, qui a tout de même pris de l'âge, commence à ne plus guère présenter d'intérêt, alors la nostalgie les étreint. Et les mods se souviennent et fabriquent des histoires, orchestrées, mises en musique ou en films, pour le simple désir de se voir revivre. Ou pour enfin essayer de comprendre cette période, qui est passée si vite, si vite...

Cette histoire, George Tremlett la raconte à sa manière : celle d'un journaliste qui a vécu ces grandes heures. En fouillant dans ses archives, dans ses coupures de presse de l'époque, il a rassemblé les éléments nécessaires pour reconstituer les portraits de quatre jeunes musiciens, de quatre jeunes mods. On ne trouvera pas dans les pages qui suivent une analyse musicale critique. Mais le reflet de quelques années qui, pour beaucoup de gens comme les Who, resteront parmi les plus exaltantes de leur vie.

A.D.

1

En 1964, Pete Townshend, Roger Daltrey et Keith Moon ne sont que quatre musiciens britanniques parmi des milliers d'autres à croire qu'eux aussi pourraient recommencer l'expérience des Beatles. On ne saura jamais combien de groupes ont essayé de percer cette année-là. L'enthousiasme atteint une ampleur nationale, et le phénomène vient à peine d'être découvert par les média. Ces mêmes média ont, à la fin des années 50, largement participé à la diffusion du mythe cruel, du fantasme selon lequel n'importe quel banlieusard peut devenir une pop star, une étoile de cinéma ou des juke-boxes, nantie d'une grosse maison et d'une voiture rutilante, à la seule condition d'apprendre à jouer du washboard, de la basse ou de manier une Hofner. Depuis la folie du skiffle, dans les années 50-57, époque à laquelle les teenagers anglais essayaient de trouver un son à la Lonnie Donegan, des groupes se sont formés et jouent, totalement isolés les uns des autres. A Liverpool, mais également dans toutes les grandes villes industrielles : Newcastle, Birmingham, Manchester, Glasgow, Sheffield, Hull, Bristol, Swansea.

Ils ont tous appris par le *New Musical Express* — la bible des teenagers de ces folles années — comment Tommy Steele, Marty Wilde, Cliff Richard, et Billy Fury ont été découverts : c'était des types de leur milieu. Peut-on les blâmer d'avoir cru qu'eux aussi pouvaient devenir des stars ? Ils sont des milliers à rêver là-dessus sans que la presse pop soit très consciente de l'ampleur du phénomène : je me rappelle la stupéfaction qui envahit les locaux du *New Musical Express,* puis Denmark Street, quand les groupes ont commencé à émerger fin 1962 - début 1963.

Personne ne pense que cela durera. Ce qu'aucun d'entre nous ne réalise, c'est qu'au moins 20 000 groupes tournent déjà dans les petits clubs, les pubs et les salles de bal. Ce chiffre est peut-être encore en dessous de la réalité car en 1963, quand j'étais à Liverpool, on m'avait dit qu'il existait 400 groupes rien que dans cette ville, au moins autant à Manchester, et environ 600 à Tyneside. Donc, si l'on compte 20 à 25 000 groupes, cela signifie que 100 000 jeunes musiciens en herbe, dont la plupart n'ont pas vingt ans, espèrent devenir des pop stars.

Evidemment, les chances qui jouent contre les groupes prétendant à la succession sont énormes. En 1964, ceux que l'on portait aux nues un an avant ont déjà du mal à trouver du travail — à part quelques rares privilégiés qui se taillent un succès international, portés par la vague des Beatles.

Déjà, les groupes qui n'ont pas à la fois un bon manager et un solide soutien financier disparaissent et retrouvent les emplois sécurisants qu'ils avaient quittés dans la folie de la Beatlemania.

En 1962-64, années qui suivent le boom du skiffle, le rock survit, mais sous des formes différentes, et dans plusieurs régions. Dans les banlieues ouest de Londres, et à Newcastle, l'influence du rhythm'n'blues s'avère très forte. A Liverpool, les groupes Tamla Motown se taillent d'abord un succès local, puis rentrent juste après dans les hit-parades nationaux. Dans quelques villes, on vénère toujours Little Richard et Fats Domino, et les teenagers gardent leurs capes à col de velours et leurs semelles de crêpe alors que la plupart des types de leur âge les ont mises au rancard. Dans les Midlands, des centaines de groupes sont influencés par le jazz, d'autres par un son encore plus doux, (style West Coast), du côté de Birmingham et de Manchester.

Quand les groupes se séparent, on n'en fait pas toute une histoire. La plupart de ces nouveaux orchestres ont travaillé ensemble pendant quatre ou cinq ans, à un tarif aussi minable que 5 livres la soirée, pour tous les musiciens. Et même s'il leur manque un peu de technique, leur musique n'est plus à l'état brut; déjà, on peut remarquer des différences de style.

Donc, bien qu'ils n'aient pas commencé à enregistrer avant 1964, et qu'ils n'aient pas sorti leur premier hit avant l'année suivante, les Who existent (à part Keith Moon) depuis 1959. A l'époque, Pete Townshend, Roger Daltrey et John Entwistle sont tous élèves du même lycée, à Acton County. Tous les trois ont joué cinq ans ensemble bien que le nom du groupe ait changé plusieurs fois : the Detours, the Who, the High Numbers et puis à nouveau the Who. Evidemment, comme dans tous les groupes de teenagers, il y a parfois quelques éclats, mais ils sont rares. Peter Townshend et John Entwistle, respectivement joueurs de banjo et de trompette, ont tous les deux fait partie, à l'âge de treize ans, d'un groupe de jazz Dixieland. Quelque temps plus tard, vers 1958, alors que Townshend apprenait la guitare classique et qu'Entwistle commençait la basse, ils forment un groupe avec deux autres copains de classe. Dans la même école, Daltrey avait déjà monté son propre groupe. Après avoir été renvoyé pour avoir fumé dans les toilettes, il rencontre Entwistle dans Acton Street et lui dit : « Nous avons besoin d'un bassiste, voudrais-tu auditionner pour nous ? » Entwistle se joint à Daltrey, et quand le joueur de rythmique part quatre mois plus tard, Townshend vient, accompagné du quatrième du groupe, le batteur Doug Sanden.

Entre 1961 et 1963, ils jouent, surtout sous le nom des Detours : dans de petits clubs, une fois par semaine, dans les salles en étage des pubs de banlieue à Ealing, Acton, Southall, Twickenham, Putney, Harrow. Ils ne se font jamais beaucoup de fric : 10 livres la nuit pour quatre, au White Heart à Acton, un bon salaire pour l'époque. Un peu plus tard, on commence à les voir régulièrement au Goldhawk Club à Shepherd's Bush. Là, ils jouent un peu de rhythm'n'blues, un peu de Tamla Motown, quelques chansons des Beatles, quelques-unes des Shadows, des Ventures, des Tornadoes (le groupe de trois guitaristes le plus important de l'époque), et même quelques morceaux de jazz

Dixieland. Ils n'ont pourtant pas besoin de leur musique pour vivre. Daltrey a commencé un apprentissage d'ouvrier métallurgiste, et passe ses journées dans une usine à fabriquer des boîtes en métal pour instruments scientifiques. Townshend, lui, a entrepris un cours d'arts graphiques à l'Ealing Art College et se fait un peu de fric comme garçon boucher, ou laitier, tandis qu'Entwistle, le plus traditionnel du groupe, travaille dans une perception.

Keith Moon se joint à eux en 1964 ; un de ses copains les a entendus jouer avec leur précédent batteur à l'Oldfield Hotel à Greenford, et leur a dit : « Mon pote joue mieux que cette taupe ». Moon est venu du bar, habillé d'un costume couleur gingembre, ses cheveux teints de la même couleur, et a montré ce qu'il savait faire, bien qu'à l'époque la légende prétende qu'il était si bourré qu'il pouvait à peine se tenir debout, et que, quand il s'asseyait à la place de Sanden, il cassait tout de suite la pédale de la grosse caisse.

Cette année-là, leur manager est Peter Meaden, un ancien publicitaire lui-même soutenu financièrement par Helmut Gordon, qu'Entwistle a décrit comme un juif fabricant des boutons de portes. Il vit à Shepherd's Bush, et s'imagine être un nouveau Brian Epstein (cité par Gary Herman, *The Who,* 1971, November Books/Studio Vista). Meaden leur décroche un contrat d'enregistrement chez Fontana (du groupe Philips), écrit les deux chansons de leur premier 45 T, « I'm the Face » et « Zoot Suit », et suggère qu'ils prennent le nom de « High Numbers ». Mais ce nom, tout comme leur association avec Meaden, s'avère de courte durée. Quelques semaines plus tard, ils signent des contrats de management avec les deux hommes qui vont complètement changer leur vie : Chris Stamp et Kit Lambert.

Stamp, frère de l'acteur Terence Stamp, vient de l'East End à Londres. Quand il était lycéen, il avait travaillé à transporter des caissons de fruits. C'est quelqu'un de très différent de Lambert. Celui-ci est allé au lycée, (Lancing College) puis à l'Université d'Oxford. Il a également suivi une école de cinéma en France et travaillé dans une équipe d'exploration au Brésil. Son père est le compositeur classique Constant Lambert.

C'est en apparence l'association la plus imprévisible qui soit mais ils ont appris à se connaître en travaillant comme assistants metteurs en scène dans des films tels *Of Human Bondage, The L Shaped Room* (film à grand succès, à l'époque ; tiré du roman de Lynne Reid Banks), *I could go on Singing* de Judy Garland et une épopée. *The Heroe of Telemark* avec Kirk Douglas. Mais ils ont fini par se sentir frustrés et désirent produire leur propre film ; leur idée, c'est de réaliser un documentaire sur la vie d'un groupe pop (ce qui à l'époque est tout à fait original).

« Nous avions vu des films sur la musique et les gens de la pop et trouvions que c'était vraiment inintéressant. » Chris Stamp me dit un jour : *« Nous pensions pouvoir mieux faire, mais nous n'avions pas assez d'argent pour nous payer un groupe connu. Le seul moyen de nous en tirer, c'était de*

2. Les Who au Marquee Club (John Entwistle et Roger Daltrey), 1965. ►
   (Photo Dominique Tarlé)

commencer et de nous débrouiller avec un groupe inconnu. Et voilà comment nous sommes tombés d'abord sur les Who. »

C'est Lambert qui les a rencontrés le premier, quasiment par accident. Il traversait en voiture Harrow et Wealdstone — un des quartiers les plus durs de l'Ouest londonien — lorsqu'il aperçut une foule de jeunes gens qui faisaient la queue devant le Railway Tavern. Il s'arrêta, pour voir la raison de cette foule, et découvrit qu'ils essayaient d'entrer pour voir les « High Numbers. »

« A l'intérieur il y avait une atmosphère formidable », me raconte-t-il, *« la salle était noire et chaude. Un bain de vapeur. Et le public était comme hypnotisé par cette musique sauvage. Peter Townshend faisait déjà des feedback avec sa guitare et son ampli. »* Dans une interview il déclare plus tard à l'*Observer: « Dès que je les ai vus, j'ai été totalement convaincu que ça y était; c'est aussi simple que ça. Ça y était — Bingo! »*

Il sait que les High Numbers se produisent la nuit suivante au Watford Trade Hall, et persuade Chris Stamp de venir les voir avec lui. Ils arrivent vingt minutes avant la fin. *« Je n'avais jamais rien vu de semblable. Je me souviendrai toujours de cette soirée où nous les avons vus ensemble. Les Who hypnotisaient véritablement la salle. J'ai pris conscience de cela la première fois que je les ai vus. C'était comme une messe noire. Même à l'époque, Townshend faisait déjà tous ses trucs de feed-back. Keith Moon se*

démenait comme un vrai sauvage sur sa batterie. L'effet sur
la salle était extraordinaire. C'est comme s'ils avaient été en
transe. Ils regardaient, simplement, assis, ou bien se bala-
daient autour de la piste, traînant les pieds, comme frappés
de stupeur. « Ça marche » m'a dit Kit, « et on a su que c'était
bon. On leur a offert de devenir leurs managers. Ils ont
trouvé ça chouette, et voilà. »

Le jour suivant, ils décrochent une audition pour les High
Numbers dans un club de jeunes de Notting Hill Gate, loué
2 livres. Quatre jours plus tard, le contrat est signé et
Lambert et Stamp deviennent leurs managers à part entière.
Ils garantissent à Entwistle, Townshend, Moon et Daltrey
un revenu minimum de 1 000 livres par an, quoi qu'ils
fassent, et gardent pour eux un pourcentage de 40 %. Le
groupe doit payer en plus 10 % pour leur agent, Robert
Stigwood. C'est un gros pari qui coule toutes les économies
de Lambert et Stamp : cela coûte très cher de lancer un
nouveau groupe, et encore plus de la façon dont ils s'y
prennent. Ils ont très peu de fric à eux. Cependant, ils ont
la volonté de travailler dix-huit heures par jour, de mener
l'affaire au pas de course, tout comme si leur vie en
dépendait, et de frapper à toutes les portes.

Ils persuadent Ziggy Jackson de laisser le groupe —
auquel ils ont très vite fait reprendre le nom de « Who » —
passer un mardi soir au Marquee Club à Soho. Ils impri-
ment 1 500 affiches pour l'occasion et distribuent 2 500
tracts dans tout Londres. A Shepherd's Bush et dans les
alentours, où les Who ont des fans après leurs apparitions
régulières au Goldhawk Club, ils vendent les places moitié
prix, et vont même jusqu'à en donner une trentaine pour

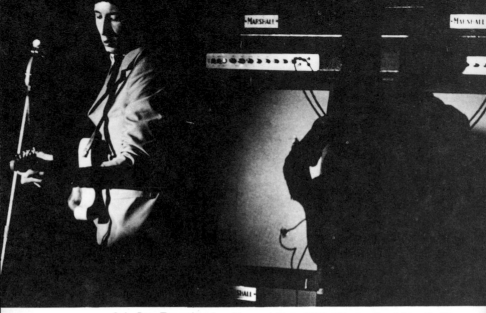

3-4. Pete Townshend au Marquee Club, 1965. *(Photos Dominique Tarlé)*

être certains que la salle soit bonne. En fait, le mardi est traditionnellement un mauvais soir, parce que les fans ont déjà dépensé une grosse partie de leur paye ce soir-là. Les Who attirent 200 fans seulement, mais c'est suffisamment impressionnant pour qu'ils obtiennent un contrat pour dix-huit semaines dans cet endroit.

Leurs apparitions sont annoncées par des affiches qui restent encore parmi les plus frappantes du genre, en lettres blanches, inversées, sur fond noir. Townshend, dans le coin supérieur gauche, le bras levé, prêt à frapper sur sa guitare, et ce message : « THE WHO — MAXIMUM R'AND B. » Le lettrage inhabituel rend l'affiche très différente. Je me souviens d'avoir vu ces affiches resurgir brusquement sur des portes ou des vitrines de boutiques vides jusqu'à la fin 1964, et de l'impact visuel qu'elles provoquaient immédiatement.

« Comme c'était un bon artiste, et un ancien étudiant en

arts, Peter nous a aidés à choisir l'affiche » m'a dit Stamp.
« Ensuite, nous avons toujours utilisé la même maquette pour leur passage dans les clubs. C'était un dessinateur ami de Peter, nommé Brian Pike, qui les faisait, et il n'y a jamais eu d'affiche pop semblable à celles-ci. Notre deuxième idée, ça a été de produire un film des Who sur scène. Alors, avec un projecteur dans une valise, j'ai fait le tour de tous les promoteurs. Le résultat, c'est qu'en quelques semaines, nous avons réussi à décrocher des contrats de plus en plus intéressants pour le groupe. Leur prix est monté de 10 livres à 25 livres la nuit, puis un an après, à 250 livres la nuit. A chaque fois les Who essayaient de rendre leur show encore plus sensationnel. Toutes ces histoires sur Keith Moon qui cassait les baguettes de sa batterie, les guitares et micros cassés sur scène, sont vraies... Cela coûta des centaines de livres pour qu'ils continuent à tourner. Mais c'était un investissement. Cela faisait connaître le groupe. »

2

Au moment où Chris Stamp et Kit Lambert se démènent pour le compte des Who, un autre vent de folie balaie l'Angleterre : les « mods ».

En un sens, c'est la suite de la Beatlemania : les mods sont une production de masse de l'image des Beatles du début 1963 — petits garçons bien habillés, cheveux bien peignés, costumes à la Pierre Cardin. Bien que les Beatles aient rapidement abandonné ce style, tout comme les Rolling Stones, les Pretty Things, Downliners Sect, Yardbirds, Roosters, qui l'ont tous rejeté, la mode s'est maintenue un certain temps, même si elle est passée du costume Pierre Cardin aux Lord John de Carnaby Street, les cheveux ont raccourci, contrairement à ceux de la plupart des chanteurs qui eux, allongent. Et puis il y a les Rockers — que les média décrivent comme leur pendant dans le style loulous.

La folie dure peu, il en reste surtout quelques souvenirs de bagarres, sur les plages, pendant les week-ends, entre les deux factions, chacune habillée du costume de son clan. Si l'on en croit les journaux du dimanche, les routes du sud de l'Angleterre sont sillonnées de hordes de mods, vestes et pantalons étriqués, souliers bien cirés, chapeaux et lunettes noires, perchés sur des scooters, roulant en masse vers Margate et le Southend pour de rituelles bagarres avec les Rockers — dont l'uniforme se compose de vestes de cuir, vestes cloutées, cheveux longs et gras, et qui roulent sur des motos allant jusqu'à 500 cc.

Le showbiz' réagit très vite à cette nouvelle mode et, en quelques mois, des dizaines de groupes se réclament bruquement des mods — David Bowie, David Essex, Marc Bolan, tous s'identifient aux Mods à l'époque.

C'est plutôt pénible, mais de cette période deux bons groupes émergent : les Small Faces et les Who.

Qu'ils aient vraiment cru aux mods, je ne saurais l'affirmer, mais c'est ce que disent les média à l'époque. Chris Stamp et Kit Lambert encouragent cette croyance bien que Marc Bolan dise maintenant qu'à son avis la mode était déjà passée avant les débuts des Who. Mais c'est une bonne image à cette époque, d'autant plus que les journaux de Fleet Street ont alors — comme toujours — quelques mois de retard sur les journaux spécialisés pour les questions de mode. Le coup de maître, bien qu'on l'ait très rapidement démenti, c'est de les avoir propulsés très vite au rang de leaders. Cependant, Pete Townshend a reconnu depuis, dans des interviews, que les véritables mods se trouvaient à l'époque en province, ce qui, une fois encore, faisait décalage de quelques mois par rapport à la mode des rues de la capitale. Cette identité qu'ils se sont fabriquée devait être connue sous le nom de « pop'art ».

Si l'on en croit les coupures de presse — les Who sont des fans du Théâtre de l'Absurde, du Théâtre de la Cruauté, du pop'art, de la culture d'outre-Atlantique, et de la mode. Ils apparaissent, même brièvement, comme les porte-parole de la génération mod.

Leur premier manager, Pete Meaden (que je rencontrais souvent dans le showbiz' à l'époque) est un ultra-mod, et les Who déclareront plus tard qu'ils avaient adopté sa « moditude ». C'est possible. Mais, à la sortie de leur premier disque en 1965, leur image prend déjà forme. Et lors de la sortie de leur 2e 45 T, elle s'est définitivement imposée. Leur premier 45 T, c'est « I Can't Explain », un morceau rude, très rhythm'n'blues ; Townshend y fait quelques feed-back, le son vient des tripes et est inspiré des Kinks — ils ont d'ailleurs le même producteur, Shel Talmy. Leur second 45 T, « Anyway Anyhow Anywhere », c'est encore un son dur, et Decca sort le prospectus suivant : *Voici le premier disque pop'art, nous disent les Who, le groupe londonien qui a défoncé les charts avec « I Can't Explain. » Appelez-le comme vous voudrez, « Anyway Anyhow Anywhere » dégage assez d'énergie brute pour concurrencer une centrale nucléaire. »*

Une voix sauvage, celle de Daltrey, un son stupéfiant, qui cogne, celui du groupe avec au milieu du morceau un break instrumental qui sonne comme les éclairs d'un message musical en morse.

« Si ce disque est un four, nous ont-ils dit, on en refera un deuxième exactement pareil, avec un rythme un petit peu plus dur, et puis encore un autre ! »

Ce morceau, « Anyway Anyhow Anywhere », a été écrit par Roger Daltrey et Pete Townshend (guitare rythmique) en une matinée. Les deux autres Who — John Brown à la guitare basse (NB - Entwistle s'est appelé Brown pendant un certain temps) et Keith Moon le batteur l'ont entendu pour la première fois dans l'après-midi. Ils ont répété. Le soir, le disque était composé.

« De cette façon, on est encore frais, enthousiastes et spontanés quand on arrive au studio », déclarent-ils.

Le groupe loue un avion pour pouvoir remplir son programme (hyper chargé) des semaines à venir. En plus des engagements dans les théâtres et les salles de bal, ils ont en vue une série de radios et télés dont le rythme est des plus fous.
« Scene at 6.30 » le mardi 18 mai sur Granada TV. Le 21 mai à Rediffusion TV : « Ready, steady, goes-live », le 29 mai, « Thank Your Lucky Stars » et « Saturday Club » sur ABC TV... Le 30 mai et le 13 juin « Ready, Steady Radio » à Radio Luxembourg. Et le « Top Gear » du « Light program » le 12 juin. Les Who s'envolent le 2 juin à Paris pour deux jours, où ils passeront à l'Olympia, à la télé et à la radio françaises ».

5. Les Who à Ready, steady, go, 1965. *(Photo J.-L. Rancurel)* ▶

Ce prospectus montre combien le groupe et ses managers, mais aussi leur nouvelle maison de disques, Decca, mettent en avant leur image de groupe pop, et également comment en quelques mois, la popularité des Who a acquis une ampleur nationale. Et cela, autant par leur musique que par leur image de marque, bien que la première renforce l'autre. De plus, en 1965, leurs fringues complètent le tout. Townshend apparaît en veste jeans, bardée d'insignes militaires. Moon — les autres aussi parfois — arborent des vestes, des T-shirts décorés de panneaux routiers, de symboles de toutes sortes, (Townshend a une veste taillée dans un drapeau anglais), leurs chemises portent des cibles... Daltrey, lui, décore ses T-shirts avec du scotch et change ainsi de dessin tous les jours. L'effet est assuré à 100 %.

Rétrospectivement, la plus grande partie de ce que les Who ont dit à l'époque pour compléter leur image de marque semble absurde, à la limite embarrassant avec le recul. Par exemple, voici quelques citations tirées d'interviews de l'époque :

« Nous découvrons une nouvelle dimension à des objets sans valeur comme par exemple une guitare, un air pop banal... Et l'élément autodestructeur, c'est-à-dire la façon dont nous détruisons nos instruments, actualise le tout. »

Peter Townshend, *New Observer.*

« Nous sommes pour les vêtements pop, la musique pop, et le comportement pop. Et ce que tout le monde semble oublier, c'est que nous n'abandonnons pas le tout une fois hors de scène... Nous vivons dans la pop... notre prochain

45 T, c'est vraiment du pop'art. Je l'ai écrit dans cette intention. Non seulement, la mesure est pop, mais les paroles sont « jeunes » et pleines de révolte. C'est anti-Moyen Age, anti-patrons, anti-jeunes mariés. »

Peter Townshend, Melody Maker.

« L'idée et la pratique de groupe impliquent un certain feeling chez les jeunes d'aujourd'hui, un grand sens de la liberté, plus une touche de violence. »

Chris Stamp, Daily Express.

« J'ai envie d'entrer dans un endroit, d'y voir un Conservateur minable, debout près du bar, sur son trente et un, avec une grosse bagnole : et je veux être aussi bien sapé que lui, avoir une voiture aussi belle que la sienne et pouvoir lui dire en face « Regarde-toi ! Tu deviens chauve ! » Et il ne pourra rien me dire ! J'ai déjà fait la moitié du chemin. J'ai une maison à Belgravia, et j'aime cracher par la fenêtre quand j'en ai envie. »

Peter Townshend, Disc Weekly.

« J'adore détruire des choses. Cela me procure un défoulement dont nous avons tous besoin. Les gens des groupes ne font rien en ce moment. Ils déboulent au boulot, font une heure de scène, et se tirent dans un pub ou un club. Ils ne font absolument rien. Et j'ai besoin de me défouler. »

Peter Townshend, Music Echo.

« Nous avons peur de vieillir. Personnellement cela me serait égal si je vieillissais comme Picasso ou Charlie

Chaplin. Mais devenir vieux, vivre une routine quotidienne, cela me fait vraiment peur. »

Peter Townshend, *Disc Weekly.*

« *Je ne veux pas vieillir... Je resterai toujours jeune; si je n'étais pas dans le groupe, je ne sais pas ce que je ferais. C'est tout pour moi. Je pense que je me tuerais.* »

Peter Townshend, *Music Echo.*

« *La grande révolution sociale des cinq dernières années, c'est que la jeunesse, et non l'âge, est devenue importante. Le message c'est: Maintenant, je suis jeune, donc je suis important, mais cela sera fini quand j'aurai 21 ans.* »

Peter Townshend, *Melody Maker.*

« *Il est très politique... Un vrai Dylan.* »
(R. Daltrey parlant de P. Townshend au *New Musical Express.)*

Même si, dix ans après, certaines déclarations semblent stupides, à l'époque on ne peut ouvrir une revue de musique sans lire quelque chose sur les Who. La publicité est permanente, à la fois dans la presse écrite et à la TV où le programme de Rediffusion « Ready, Steady, Go » (programme totalement et désespérément suiviste par rapport à la mode) a de fait adopté les Who comme mascotte, les fans du groupe y faisant souvent office de public.

L'entreprise est gigantesque. Les résultats à la mesure. Tandis qu'ils contribuent au maximum à la mode pop, ils ne manquent pas non plus de remplir les autres engagements que l'on attend d'eux. Ils se plaisent à confier aux brochettes de journalistes spécialisés leur opinion sur la mode, les vêtements, ce qu'ils désirent rencontrer chez leur petite amie, et, bien sûr, ils remplissent le questionnaire du *New Musical Express* «(Life Lines»). Si vous voulez savoir quelles sont les couleurs, les plats, les boissons, les fringues favorites des Who, tout ce qu'ils aiment, ce qu'ils n'aiment pas, leurs hobbies, leurs ambitions personnelles et professionnelles, et enfin des expériences tout à fait passionnantes, alors lisez le *New Musical Express* du 23 juillet 1965.

Mais ce qui se cache derrière la plupart de leurs déclarations et qui court comme une menace tout au long de leurs interviews, c'est qu'ils sont en réalité au-dessus de tout cela. Ils sont artistes, leur contribution n'étant pas tant une contribution à la pop qu'à la vie elle-même. Le *Melody Maker* résume le coût total de l'opération dans son numéro d'août 1965 : *« Les Who soutiennent fortement le pop'art. Pour eux, le pop, cela signifie s'habiller et se comporter comme eux, sur scène ou hors de scène. Sur scène, un concert normal peut se terminer par Townshend cassant une guitare de 150 livres sur son ampli. Hors de la scène, cela veut dire adopter des techniques pop pour décorer ses vêtements... et dépenser en une semaine ce qui pour leurs fans, est une véritable petite fortune. Tout ceci, afin de maintenir leur image de marque. Plus ils sont allés loin dans les réactions émotionnelles qu'ils ont suscitées, et plus le « Happening » dans la pop a coûté cher. »* Ensuite, l'article analyse, et c'est à ma connaissance la seule fois que l'on a chiffré le phénomène Who, la part des dépenses revenant à chacun des membres du groupe :

PETER TOWNSHEND

Le véritable destructeur du groupe. Le guitariste Peter Townshend possède 9 guitares, toutes achetées à crédit. Cinq ont coûté 150 livres pièce, — 4 sont déjà réduites en miettes. Il possède également une guitare à 12 cordes (importée) — coût 150 livres, une à 6 cordes (50 livres), une basse 6 cordes (200 livres), une acoustique (50 livres). Total : 1200 livres rien que pour les guitares. Et ce n'est pas tout. Townshend dit qu'il garde tous les amplis et les micros qu'il a eus en sa possession. Il les utilise pour enregistrer chez lui.

Il y a donc : 3 amplis à 150 livres pièce, 2 amplis stéréo à 80 livres pièce, 4 amplis de 100 watts à 160 livres chaque, 5 micros coûtant 80 livres pièce et 4 « 4 × 12 » à 160 livres pièce. Peter enregistre beaucoup de 45 T pour le groupe et pour d'autres artistes, dans son studio personnel dont l'installation a coûté 1 000 livres ; il use 8 jeux de cordes par mois (1 guinée chacun) et 100 médiators (2 shillings pièce). Il achète 4 ou 5 fils pour guitare et amplis pour le groupe par mois, à environ 10 livres pièce. Le groupe dépense 50 livres en réparation de matériel par mois. Raisonnable sur les fringues, Peter dépense environ 20 livres par semaine pour une veste.

KEITH MOON

Le batteur Keith Moon ne s'est pas mal débrouillé du tout. Il s'est joint au groupe il y a dix mois et est déjà passé au travers de 3 batteries démontables. La première coûtait 150 livres, la seconde 400 livres et son dernier caprice 500 livres. Ce qui fait 1 050 livres, le tout à crédit. La note de baguettes est phénoménale. Il en casse environ 4 paires par soirée (à 1 livre la paire), ce qui fait plus de 100 livres par mois. Une cymbale casse généralement au bout de 15 jours. Ce qui fait 40 livres par mois. Et il compte 10 livres pour de menus objets perdus tous les mois. Il ne peut faire d'estimations quant aux peaux transpercées car cela varie. Elles coûtent 25 livres pièce. Keith dépense beaucoup d'argent pour son luxe personnel : platines, caméras, magnétos, et fringues du genre vestes de daim qu'il ne porte pas sur scène. Il est fou de surf-music et dépense bien 8 livres par semaine pour des disques.

ROGER DALTREY

Le chanteur Roger Daltrey a un système de préamplification qui coûte 500 livres, qu'il utilise pour son usage personnel et qu'il a payé à crédit. Son jeu de scène particulier, à part quand il chante, c'est d'accompagner les soli de guitare les plus « hard » en faisant crisser son micro contre une cymbale ; un coup éventuel brise le micro. La note de Roger s'élève à 35 livres par mois. Conducteur extravagant, il possède la voiture (1 000 livres payées à crédit) qui conduit le groupe vers ses engagements à une vitesse infernale.

Comme le reste du groupe, Roger dépense environ 2 livres par semaine en coiffure et en maquillage. La

6-7-8-9. Keith Moon. *(Photos Dominique Tarlé)* ►

plupart de ses chemises sont faites à la main et ne coûtent pas moins de 6 à 10 livres pièce. Le groupe achète ses vêtements de la façon suivante : ils vont à deux ou trois à Carnaby Street et dépensent 200 livres d'un seul coup. Ce ne sont pas des fringues coûteuses, mais des trucs comme des T-shirts et des chaussures. Et ceci, environ une fois par mois. De plus, les Who comptent en moyenne un vêtement volé par semaine, principalement dans les vestiaires.

JOHN ENTWISTLE

Guitariste (basse), il est fou des guitares et en a dix. A crédit, elles coûtent environ 150 livres pièce. Il possède également 4 amplis-basse qu'il paye 160 livres pièce, et trois amplis de 100 watts à 160 livres chacun. Il a un piano basse à 150 livres et un autre piano à 50 livres pour faire diverses recherches. Son matériel s'élève à environ 3 000 livres. On peut ajouter à cela qu'il est maniaque et a des cordes en bon état sur toutes ses guitares : il en use environ 8 jeux par mois (4 livres le jeu). Il a aussi un kart (150 livres), sport que tout le groupe se mettra à pratiquer. Pour les vêtements, il participe aux 200 livres mensuelles. Il aime les choses qui jettent du jus, comme les vestes en daim (250 livres pièce) et c'est lui qui a eu la première veste drapeau, pour 30 livres. Bizarrement, il s'est abaissé à porter des bottes cubaines à haut talon, mais vient de les laisser tomber pour des raisons de confort.

Dépensant ce qui constitue pour leurs fans des sommes énormes, s'habillant pop, cassant leur matériel, utilisant le feed-back pour la première fois dans la musique pop : il faut admettre que les Who ont une image de marque grandiose. L'important n'est pas qu'elle soit légèrement absurde, mais qu'elle existe. Mais, malgré cela et par-dessus tout, le groupe se distingue par autre chose : il semble qu'ils se détestent intensément. Comment trois musiciens qui ont grandi ensemble et se connaissent depuis leurs premières années d'école peuvent-ils vraiment se détester à ce point, cela n'a jamais été clair pour moi et je n'ai jamais eu l'impression que le malaise était si profond. Mais les Who l'ont déclaré, dix fois plutôt qu'une :

« Nous nous entendons mal. Roger embête tout le monde, car il n'est jamais content du son, et il est le seul à en parler. Roger, à mon avis, n'est pas du tout un bon chanteur. Il est bien sur scène, mais je pense qu'il souhaiterait plutôt avoir derrière lui un groupe d'accompagnement qu'un groupe qui forme un tout. Je pense qu'il ne comprend pas que jamais il n'aura de groupe d'accompagnement. »

Peter Townshend, *Music Echo.*

« Nous ne nous entendons pas, et nous préférons que cela soit comme ça. Si nous étions les meilleurs amis du monde, nous ne dirions pas la vérité, et cela ne nous mènerait nulle part. De cette façon, on met les sentiments au placard. On dit ce que l'on veut sur chacun d'entre nous, et on obtient de meilleurs résultats. »

Peter Townshend, *Evening Standard.*

« Des disputes ? Bien sûr, on en a tout le temps. C'est pourquoi on marche si bien ensemble ; cela nous rend plus incisifs, en quelque sorte. Nous avons toutes sortes de tempéraments explosifs, et c'est comme si on attendait l'explosion d'une bombe. Mais nous ne sommes pas copains du tout. »

Roger Daltrey, *New Musical Express.*

« Notre groupe est un groupe de haine entretenue. Si nous nous aimions, nous n'existerions sans doute pas. Une fois, nous sommes partis quelques jours et nous nous sommes détestés ; au retour, nous avons joué dix fois mieux. »

Keith Moon, *Rave.*

« Au début, je ne pouvais pas m'entendre avec Peter et Roger ; nous n'avons absolument rien de commun, à part la musique. »

Keith Moon, *Rave.*

Ce sont là seulement quelques-uns des commentaires qu'ils font les uns sur les autres, ou sur le groupe... Parfois, ils en viennent même aux insultes : l'opinion de Townshend sur le groupe est supprimée d'un show télévisé. Mais cela, combiné avec leurs apparitions publiques, et la violence de leur musique, à la fois sur scène et sur disque, fournit aux Who une image de marque unique ; on les demande constamment pour des interviews et qu'ils gagnent un public beaucoup plus large que d'autres groupes dont les ventes de disques sont plus importantes. En 1965, moins d'un an après leurs débuts, les Who désavouent peu à peu tout ce qu'ils ont défendu au début de la même année.

A cette époque, les tensions sont réelles au sein du groupe. Ils ne sont pas satisfaits de leur contrat avec Decca aux U.S.A., ils sont sur le point de se séparer de leur producteur Shel Talmy, et Roger Daltrey est bien près de quitter le groupe.

3

C'est au cours de l'année 1965 que les Who deviennent vraiment célèbres. C'est l'époque où, le jour, les groupes connus font la queue pour s'entasser dans les shows TV et radio, les séances d'enregistrement et les interviews, pour des poses photos, des pubs et puis s'en vont vite fait en fin de journée, et le soir, passent dans des salles de bal. C'est une époque fiévreuse pour les Who et pour les autres.

A la fin de l'année, leur image est vraiment au point, leurs efforts ont produit leurs fruits et leur musique a acquis du caractère. Peter Townshend est devenu la force créatrice du groupe, bien qu'au début le groupe ait été celui de Daltrey. Tandis que Roger (marié secrètement — quasiment personne, même dans le show-business, ne le savait), Keith et John vivent joyeusement dans la périphérie de Londres,

Townshend emménage dans le centre de Londres, louant un pavillon à Belgravia, et équipant pour 6 000 livres son studio personnel dans une des pièces. C'est plutôt un projet d'avant-garde pour un artiste de l'époque ; ce n'est que deux ou trois ans plus tard que les studios privés sont devenus « de rigueur »[1] pour les musiciens en herbe. Peter forme également sa propre compagnie, Fabulous Music Ltd, ceci tout à fait indépendamment de la compagnie des Who, the Young Musical Associates Ltd., et il se met à vivre très différemment des autres.

Alors qu'à l'époque on trouve Roger, Keith et à l'occasion John jusqu'à des heures avancées de la nuit dans les clubs à la mode, le Ad Libs, et le Cromwellian, Peter Townshend commence une vie de reclus dans sa maison de Belgravia. Au début, il a juste un matelas par terre pour dormir, ses vêtements sont pendus sur des cintres, et ses meubles se réduisent à : une bibliothèque bien remplie, une pile de disques, un téléphone, la plupart de l'équipement en matériel du groupe (guitares réparées, micros, amplis, etc.). Là, une fois son travail terminé avec le groupe, Townshend passe ses heures nocturnes à écrire et expérimenter des sons. « *Chaque chanson que Peter écrit, il nous en fait un disque de démonstration* », m'a dit à l'époque Roger Daltrey. « *Il les fait tout seul chez lui, s'accompagne à la guitare, puis ajoute une deuxième guitare, ou une basse, et rajoute ensuite les percussions. Après, il envoie à chacun de nous un disque de démonstration avec la chanson tout à fait au point pour que l'on puisse travailler à notre tour avant*

---

1. En français dans le texte.

*d'aller en studio. C'est comme ça qu'il a écrit « My Genera-
tion ».*

C'est le début d'une méthode de travail que Townshend
utilise encore aujourd'hui. Chaque fois que les Who doivent
commencer une série d'enregistrements, chaque membre du
groupe reçoit ces disques de démonstration écrits à l'avance
par Peter.

A l'époque, les Who ont déjà fait deux hits grâce aux
compositions de Townshend : « I Can't Explain », n°8 au hit
parade du *New Musical Express* en avril, et puis « Anyway
Anyhow Anywhere », qui atteint le n°10 en juillet. Leur
premier 45 T est tout à fait construit dans le style des hits
des Kinks, « You Really Got Me » et « All Day and All of the
Night », ce qui n'a rien de surprenant, puisque ces deux
45 T sont les deux grands succès de l'année précédente
(respectivement n° 1 et 2 dans les charts) et que les Who et
les Kinks ont le même producteur, Shel Talmy. Leur
deuxième succès, « Anyway Anyhow Anywhere », a encore
quelque chose de rhythm'n'blues, râpeux, désespéré, mais le
style de Townshend commence déjà à dominer le son
d'ensemble. Pourtant les Who sont lancés grâce à une
image de marque très différente de celle des Kinks et ils la
maintiennent au cours des shows TV que Lambert et Stamp
leur décrochent pour promouvoir leurs deux 45 tours, ainsi
que dans les pubs parues dans la presse, pubs dues à leur
allégeance à la pop et aux mods. Dans un sens, on a
considéré les Who comme les porte-parole d'une nouvelle
génération de consommateurs de disques, celle qui succède
aux Beatles et aux Rolling Stones, voilà qui explique la toile
de fond de leur troisième hit. Ce disque, c'est exactement le

titre et le thème qu'il faut au moment adéquat. Peter Townshend a dû en avoir l'intuition. Il s'appelle «My Generation». Avant que le disque ne sorte, les Who se sont taillé une réputation : celle d'avoir un nouveau public, bien à eux. Et ils ont démontré qu'ils remplissaient largement les salles en faisant successivement du bal dans toute la Grande-Bretagne, des petites tournées sur le continent, puis une tournée d'importance nationale en Angleterre juste avant la sortie de leur simple, le 5 novembre 1965.

L'enthousiasme que suscite le groupe est aussi fort en Europe qu'en Grande-Bretagne. Pendant deux ans, les groupes anglais dominent le marché du disque en Allemagne, en Hollande, en Belgique, au Danemark, en Autriche, en Suède et en Finlande (et, à un moindre degré, en France, en Italie et en Espagne, qui ont, elles, leurs propres héros nationaux), provoquant un intérêt immédiat pour toute nouvelle formation britannique. Donc les Who, comme de nombreux autres groupes, peuvent prolonger en Angleterre le succès obtenu en Europe avec leurs disques et, très vite, ils mettent au point des tournées pour la promotion de ces disques.

A cette époque, j'écrivais pour des magazines de tous les pays et je recevais régulièrement des photos d'Europe, montrant les spectacles des Who dans les différents pays, la scène couverte de débris, Townshend vêtu d'une veste drapeau, assassinant sa guitare. Après cette tournée en Europe, avant la sortie de «My Generation», Townshend m'a raconté qu'ils avaient été reçus par un public déchaîné, tout comme celui qu'ils allaient connaître plus tard en Grande-Bretagne.

« *Au Danemark, c'étaient de vrais sauvages. A Aarhus, ils étaient totalement incontrôlables. C'est une région rurale, et la salle était bourrée de 4 à 5 000 jeunes fermiers (un public plutôt dur)... Ils avaient lancé des bouteilles au groupe qui passait avant nous... et une partie de notre matériel avait été détruit. Quand l'autre groupe est sorti de scène, ils nous ont dit que l'on pouvait utiliser une partie de leur matériel.*

« *Mais, quand on est arrivé sur scène, et que les bouteilles ont recommencé à pleuvoir, les types ont commencé à envahir la scène, et l'autre groupe est revenu vite fait pour sauver son matériel... on est resté seulement quatre minutes en scène, avant que le spectacle ne soit interrompu, et évidemment les choses sont devenues encore bien pires après. Les fans se sont rués dehors et ont commencé à piller la ville... par la suite, on a su qu'ils avaient fait 10 000 livres de dégâts. C'était en première page de tous les journaux danois.* »

En Hollande, Townshend a deux jours de libres pendant la tournée du groupe. « *Je suis parti boire avec une flopée de types, qui m'ont invité à rester dormir chez eux* » m'a dit Peter, « *mais, quand je me suis réveillé, le lendemain matin, il y avait un flic à côté de mon lit, et c'est alors que j'ai réalisé qu'ils étaient tous partis, et que ce n'était pas du tout leur baraque. La maison était à quelqu'un d'autre, ce pourquoi la police avait été appelée. Au début, j'étais dans une sale situation. Mais, quand je leur ai montré mon passeport, dit qui j'étais et comment j'étais arrivé là, ils m'ont laissé partir. Mais ça a quand même été un choc.* »

10. Pete Townshend en coulisses, 1966. *(Photo Dominique Tarlé)*

A l'époque les Who ont déjà enregistré « My Generation » et, six semaines avant la sortie du disque, Townshend déclare au *Music Echo: «Personne n'imagine que le groupe va progresser, et que l'on pense à l'avenir. Mais je compte que notre prochain 45 T soit un grand Hit. Ce sera le meilleur disque du groupe. »* Il a raison. Quand Decca sort le disque avec « Shout and Shimmy » en face B, l'attaché de presse fait paraître le « press-release » suivant :

« *Ce disque, c'est un cri du cœur que pousse Peter Townshend, l'auteur, sur sa génération, et que hurle Daltrey, le chanteur.* » Ce morceau se déroule dans un crescendo d'excitation électronique amplifiée, sur un rythme dur, ponctué de feed-back, à la guitare, très distordus. Musique brute et dynamisante, c'est une grande suite commerciale à « Anyway Anyhow Anywhere ».

Après avoir introduit l'art pop dans la musique pop par des effets instrumentaux spéciaux, les Who se taillent une réputation d'originalité et adoptent une attitude entière, mais très personnelle, vis-à-vis de leur travail et de leur public.

Il est possible que même Decca n'ait pas vraiment eu conscience d'avoir entre les mains l'un des classiques des années 60. Ce qui est sûr, c'est qu'ils n'ont pas l'air de trop se bouger pour la promotion du disque ; mais les Who ont déjà effectué des tournées dans toute la Grande-Bretagne, pendant presque un an. Leur image de marque est satisfaisante, et leur public les connaît bien. La semaine de son lancement, « My Generation » défonce les charts, se vendant très vite à 300 000 exemplaires et manquant de peu la première place. C'est encore l'un de mes disques préférés, mais je n'essaierai pas d'expliquer pourquoi. C'est un de ces disques qui ont marqué, pour des raisons à chaque fois différentes. Certains disent que c'est le premier simple pop qui parle de la drogue, même si Daltrey l'a nié à l'époque. D'autres le voient contre l'Establishement, un peu à la façon de la Beat Generation des années 50. Ce qui est sûr, c'est que ce disque exprime la colère, et que Daltrey en crache les mots en bégayant.

C'est le premier disque que les Who sortent, dans un style totalement différent, et les commentaires les plus révélateurs sont sans doute ceux de Peter Townshend, dans une interview accordée au *Music Echo,* journal pop de Liverpool.

« Le sujet de « My Generation », c'est l'histoire d'un individu qui veut s'élever contre le système d'éducation inefficace qui existe de nos jours. Mais il n'y parvient pas parce qu'il bégaye. Je suppose que l'on va qualifier cela de contestataire. Mais je ne le souhaite pas, car je pense que les chansons contestataires sont un tas de conneries. Je ne pense pas grand-chose des événements qui ont lieu en dehors de ce pays, vous savez Oxfam et tout ça.

« Ici, nous devons surtout nous occuper du système d'éducation. Prenez les gens qui ont moins de 19 ans. Je n'en ai pas rencontré beaucoup qui avaient eu la même éducation que moi. Je suis allé dans un lycée ordinaire. L'école aujourd'hui marche à l'envers. Le système anglais manque d'homogénéité. Quand vous allez au lycée, on vous donne à choisir entre deux sortes d'études, menant à deux diplômes différents. Comment voulez-vous qu'un individu de 16/17 ans sache exactement lequel choisir ? Ils ne savent pas. »

A l'époque où le disque sort, les Who ont à peu près abandonné l'art pop. Ils apparaissent maintenant sur scène avec des vêtements beaucoup plus conventionnels, et quand ils parlent de leur génération, cela ne sous-entend plus qu'ils parlent des Mods, car ces derniers commencent à disparaître. Roger Daltrey, à qui *Melody Maker* demande s'il en a marre du pop, répond : « *Qu'est-ce que c'est, le pop art ? Si encore c'était devenu quelque chose de positif. Ça a démarré par de tout petits trucs au Marquee Club, quand on a porté les badges et des trucs comme ça. Malheureusement, ça nous est retombé dessus. Cela a réveillé plein de gens, mais en fin de compte, cela nous a fait beaucoup de tort, et particulièrement dans la presse.* »

Les vestes-drapeaux n'ont pas disparu d'un seul coup. Pas plus tard qu'en octobre 73, ils pensaient en mettre pour une spéciale TV ; elles étaient même usées par les tournées. Mais fin 1965, les Who ont de fait abandonné les gadgets pour leurs shows télévisés anglais. « *Nous ne porterons plus de pop'art* » dit Entwistle à *Disc Weekly* en décembre.

« *Nous pensons que cela nous a fait du tort. Quand le pop'art devient commercial, ce n'est plus du pop. En ce moment je porte une cravate et une chemise, et un costume jaune et noir... ce n'est pas pop, c'est seulement flashy... Nous en avons fait une sorte d'image, et changé notre politique musicale, pour ne pas tomber dans un cul-de-sac. Nous avons même joué du jazz traditionnel. Nous serions prêts à essayer n'importe quoi si on pensait être dans l'impasse, mais si tout échouait nous n'aurions pas d'autre solution que de nous séparer. Je pense que tout autre groupe ferait de même.* »

Même à l'époque de leur première publicité avec « I Can't

Explain », les Who ont parlé de se séparer, se prédisant un avenir très court (un an dans le show-business, au plus). Parfois, la rupture paraît imminente, plus particulièrement à l'époque où ils parlent de scènes et d'engueulades, dissensions en studio, et quand ils affirment qu'ils se haïssent mutuellement. Mais jamais la rupture n'a paru si proche que le mois où « My Generation » leur donne leur premier véritable hit. Et quand elle est devenue réellement tangible, les Who ont arrêté d'en parler... La discrétion est devenue la règle d'or et ce n'est que quelques mois plus tard que leurs fans apprennent ce qui s'est réellement passé. Il faudra quelques années avant d'en connaître tous les détails.

Le premier signe montrant que quelque chose va de travers, c'est la première page du *Melody Maker* du 20 nov. 1965, époque à laquelle « My Generation » est déjà au hit parade de ce journal.

« C'est la première fois que les Who sont dans les dix premiers au hit-parade, et des rumeurs circulent dans les milieux pop que ce serait aussi la dernière. Des bruits se répandent dans les clubs de Londres : Roger Daltrey, 20 ans, s'en irait du groupe. On dit que le chanteur Boz, des Boz People, remplacerait Daltrey. On dit également qu'un autre batteur remplacerait Keith pour lui permettre de faire des recherches dans le domaine de la percussion. »

La même semaine, Chris Stamp, comanager des Who, déclare au *Melody Maker: « Ce sont des conneries... Sérieusement, je n'ai jamais entendu de pareilles imbécillités. Qui serait assez insensé pour croire que les Who vont se séparer à un moment comme celui-ci ? »*

Tout le monde sait que des conflits existent au sein du groupe, que dernièrement ils ont eu des heurts assez graves, mais cela ne veut pas dire que le groupe va éclater. Ils ne sont pas d'accord sur leur « son » et discutent sur tout ce qui pourrait l'améliorer. Ils ont tous là-dessus des idées différentes.

On entend dire partout que Roger va partir. Dans le pays de Galles, les fans ont fait une légende du départ de Roger. C'est de la foutaise, les Who, une fois pour toutes, ne se sépareront pas.

Mais, à cause de tout cela, il y a vraiment quelque chose qui ne tourne pas rond au sein du groupe, et cela devient évident le soir même où l'édition du *Melody Maker* commence à être vendue dans les kiosques. Les Who sont prévus au « London Student Glad Rags Ball », au Wembley Empire Pool. Le groupe s'est disputé à propos des micros et des amplis et Roger Daltrey n'est pas satisfait de ceux qui sont mis à leur disposition. Il veut utiliser le matériel du groupe. Soudain, il sort de scène, laissant Townshend, Entwistle et Moon jouer tout seuls. Il déclare ensuite au reporter de *Disc Weekly : « Je suis furieux. J'ai essayé les micros avant le début du show. Ils étaient mauvais, on ne pouvait pas avoir le son voulu. Je voulais qu'on utilise nos amplis et leur matériel. Mais ils m'ont dit : « Utilisez les nôtres, et contentez-vous de cela. » C'est seulement pour ne pas décevoir notre public que nous avons quand même continué. Nous avons songé à tout abandonner. »*

Un peu plus tard, Daltrey revient sur scène, tout en restant hors de la vue du public, pendant que les techniciens du groupe mettent en place leur matériel et que les trois

autres continuent à jouer. Les fans commencent à scander : « *Où est le chanteur ?* » Il réapparaît alors brusquement, et le groupe termine le show ; mais le malaise est évident. Ce qui est vraiment en cause, personne ne le sait au juste, car les Who cessent de donner des interviews jusqu'à résolution de leurs problèmes. Une fois ceux-ci terminés, c'est le dernier sujet dont ils ont envie de parler. Mais, quand on leur pose une question là-dessus, ils ressortent la bonne vieille phrase : « *Non, nous ne nous séparons pas. Simplement, nous avons des problèmes relationnels, mais on préfère que cela soit ainsi.* »

Ce qui s'est vraiment passé, il est possible qu'on ne le sache jamais, car il existe au moins quatre versions différentes de l'événement. En septembre, John Entwistle dit à Norrie Drummond, du *New Musical Express,* qu'il considère Daltrey et Townshend « à peine comme des compagnons de travail », et il ajoute : « *Nous avons réglé la plupart de nos différends depuis des mois. Mais il est vrai que Keith et moi avons failli partir après un incident sur scène, et voulions former notre propre groupe... Nous avons eu également envie de partir quelques mois plus tôt, époque à laquelle nous ne sortions plus de disques.*

« *Nous en avions tous marre de ne pas savoir quand le disque sortirait... et comme on était tous à bout, on a commencé à avoir des problèmes. Mais maintenant il semble qu'on les ait dépassés, et qu'on soit arrivé à s'entendre comme n'importe quel autre groupe ; seulement,*

◄ 11. Bob, road-manager. *(Photo Dominique Tarlé)*

la plupart de nos conflits ont lieu en public. » Dans une autre interview, Peter Townshend déclare que les rumeurs de dissolution ont commencé pendant une tournée en Scandinavie. « On était dans les vestiaires, on hurlait et on se tapait dessus quand un photographe qui s'appelle Bent Reg s'est pointé, a commencé à prendre des photos et à écrire des trucs. On s'est tous repris, on l'a salué, mais il a tout raconté quand il est revenu en Angleterre. » Plus récemment, dans une interview pour *Zig Zag,* magazine de rock, Townshend a rappelé qu'à l'époque où le groupe enregistrait «Substitute» (tube qui a suivi «My Generation»), ils étaient sur le point de se séparer... «*Keith ne se souvient pas comment cela s'est passé. Roger devait quitter le groupe. C'était une époque surprenante de la carrière des Who. On devait plus ou moins se séparer. C'était seulement une question de tactique. Kit et moi, on allait souvent se promener à Hyde Park, et on imaginait des combines pour laisser tomber les Who avec Paddy, Klaus et Gibson. Des trucs comme ça, bizarres.* » Mais le malaise au sein de groupe est même allé plus loin que tout cela ne le laisse supposer. Townshend a reconnu dans une interview que «*Daltrey était très dur quand je suis rentré dans le groupe. Il ne supportait aucun faux pas, et quand vous ne marchiez pas dans la même direction que lui, vous aviez droit à son poing dans la figure. S'il y a eu une époque où les Who auraient pu se séparer, c'est à l'époque de «My Generation». Notre image n'avait d'équivalent nulle part, comme cette arrogance mod à une époque où nous n'étions qu'un groupe ordinaire. Mais nous n'avions pas vraiment fait quelque chose de chouette, nous ne montrions aucun res-*

pect pour notre groupe, mais nous savions que nous pouvions y arriver, donc nous nous sommes arrangés pour nous en sortir. » On a aussi raconté qu'à un moment les relations entre Daltrey et les autres membres du groupe étaient si tendues que celui-ci lui avait lancé un ultimatum : se calmer ou le quitter. Personne en dehors des membres du groupe, de leurs managers et de leurs familles, ne réalise à quel point ils manquent d'argent. En plus, la femme de Daltrey est enceinte. Dans l'un de ses articles sur les Who, *The Observer* déclare : « *Daltrey dit qu'il a dû choisir entre garder sa place au sein du groupe et rester avec sa femme Jackie, qui était enceinte à l'époque. « Je savais que si je ne m'éloignais pas d'elle pendant les premiers jours, je resterais ouvrier pour le restant de ma vie* ». Ils devaient divorcer plus tard.

Rien de tout ceci ne se savait en dehors du cercle des Who. Même s'ils ont l'air très disponibles, Daltrey, Entwistle, Townshend et Moon sont en réalité remarquablement discrets dans leurs interviews. « *Les désaccords et les empoignades avaient vraiment lieu, mais parfois nos déclarations étaient délibérément mensongères* », devait plus tard confier Moon au *New Musical Express*; et Roger Daltrey devait dire quelque chose d'approchant dans le *Disc Weekly* : « *Ce truc de nous haïr mutuellement nous a fait beaucoup de pub, mais nous a beaucoup desservis vis-à-vis de nos fans. Ils pensaient constamment que le groupe était sur le point de rompre.* »

En réalité, ce que je pense, c'est que les Who étaient beaucoup plus proches les uns des autres que la plupart des groupes de l'époque, mais ils avaient laissé leur légende les dépasser, ce qui arrive très facilement dans le show-business quand les mythes vont trop loin (comme David Bowie le sait trop bien lui aussi). Daltrey avait des problèmes personnels, qui devaient être ennuyeux, d'autant plus que les Who manquaient d'argent. Mais on ne tenait même pas compte de cela à l'époque, car s'il y a bien deux choses dont aucune future pop star ne veut discuter avec une totale franchise, c'est d'abord de sa vie privée, et ensuite de sa véritable situation financière. En fait, le secret était bien gardé, puisque tous les groupes devenus célèbres dans cette période étaient en réalité pauvres comme des rats d'église.

Ce qui a réellement démoli les Who, c'est le contrat qu'ils avaient signé pour cinq ans avec Shel Talmy, l'Américain devenu leur producteur, ainsi que le contrat passé avec Decca, leur maison de disques, bien que là encore ils n'aient fait aucune déclaration, puisque les contrats, leurs clauses, les royalties et les avances d'argent sont des sujets sur lesquels aucune pop star n'a jamais fait de révélations.

Le premier indice de malaise se trouve dans le *Melody Maker* de février 1966 : « *Les Who annulent leur prochain disque.*

« *Les Who retirent leur nouveau 45 T, « Circles », des parutions de février. Ils ont décidé que « Circles », composé par Townshend, n'allait pas. Ce disque devait sortir le 18 février.* »

Leur nouvel enregistrement, qui sort dès que possible, est encore une composition de Townshend. Il s'appelle « Substitute ». Kit Lambert, comanager du groupe, déclare cette semaine-là au *Melody Maker: «Pete sort ce titre de ses réserves. C'est un grand enregistrement, meilleur que « My Generation ».*

La semaine suivante, on peut lire dans le *Melody Maker :*

« Les Who ont abandonné le label Brunswick, label sur lequel étaient sortis leurs trois disques: « I Can't Explain », « Anyway Anyhow Anywhere », et « My Generation ». Kit Lambert, leur comanager, annonce que les Who n'ont pas renouvelé leur contrat avec Shel Talmy. Talmy est l'un des gros bonnets de Planet Records, et c'est le producteur des Kinks.

« Les Who viennent de signer avec une production indépendante, le label Reaction, un des labels anglais de Polydor. Les disques du groupe sortiront sur Reaction, en Angleterre, Polydor en Europe, et Atlantic aux U.S.A. Leur nouveau 45 T, composé par Peter Townshend et intitulé « Substitute », sortira le 4 mars sur Reaction. »

Le disque sort, mais les procès commencent immédiatement. Shel Talmy dépose tout de suite une plainte car les Who avaient signé un contrat d'exclusivité avec lui et ne devaient donc pas enregistrer pour le nouveau label de Polydor, Reaction (formé par l'agent des Who, Robert Stigwood). La BBC écartera donc le disque de ses programmes pendant un temps. Mais Kit Lambert se permet de déclarer au *New Musical Express : « Le disque n'est passé sur aucun des programmes de la BBC jusqu'à présent, pour des problèmes de législation. Mais, si j'ai bien compris, la Corporation est satisfaite que le disque soit réédité et « sauvé ».*

Talmy assigne aussi Polydor en Haute Cour, suite à un conflit concernant la face B de « Substitute », « Instant Party ». Polydor represse immédiatement le 45 T, avec une autre face B : « Waltz For a Pig », morceau instrumental (sans les Who), après accord amical avec Shel Talmy stipulant qu'ils n'enregistreraient plus avant le 4 avril. A cette date, la Haute Cour reçoit la plainte de Talmy, disant que les Who avaient signé un contrat d'exclusivité avec lui (*New Musical Express*). La situation devient encore plus compliquée quand Decca sort « The Kids are Alright », avec « The Ox » en face B, pour le retirer d'eux-mêmes et ressortir « The Kids are Alright » avec « A Legal Matter » aux Etats-Unis ; puis, toujours aux U.S.A. « A Legal Matter » avec « Instant Party ».

En fait, le cœur du problème, ce sont les questions d'argent. Pendant quelques mois, les Who accordent très peu d'interviews, et toute l'information provient des arrêts de Haute Cour et de leurs éventuels commentaires.

Un seul journal les suit de près, l'*Observer,* dont le reporter John Heilpern passe deux mois avec eux, voyage avec le groupe, et prépare un article pour le supplément en couleurs. Ce dernier sort le 20 mars, époque à laquelle le groupe se trouve encore virtuellement au secret. Quelques faits, relatés dans l'article, sont très révélateurs et éclairent le groupe d'un jour tout à fait différent de celui des magazines spécialisés.

Kit Lambert parle à Heilpern du contrat de management qui garantit 1 000 livres par an aux Who, qu'ils aient ou non d'autres contrats. *« La pop nous attirait »,* dit Lambert, *« parce que c'est un domaine dans lequel on peut gagner*

beaucoup d'argent en peu de temps. » Et il révèle que Chris
et lui ont perdu toutes leurs économies en trois mois
(6 000 livres), qu'ils ont dû quitter leurs beaux apparte-
ments, et mettre leurs montres au clou.

Heilpern analyse où l'argent du groupe est passé : vêtements, matériel, coiffures spécialement créées pour le
groupe, plus de 1 000 livres par an en photos, affiches et
tracts. Mais la véritable révélation, c'est à propos de « I
Can't Explain », sur lequel Lambert et Stamp ont misé gros
jeu : ils ont tourné un film des Who, dans l'espoir de le
vendre au programme de TV : « That's For Me ». Ils ont
travaillé dessus jour et nuit pendant trois jours, et le film a
coûté 350 livres. « That's For Me » a acheté le film pour
25 livres, et l'a passé la semaine suivante. Pendant une
semaine, le disque est remonté au n° 23, dans les charts du
New Musical Express. Puis, le coup de chance : un autre
groupe abandonne, pour des problèmes de management,
l'émission « Top of the Pop », programme vu par cinq
millions et demi de foyers britanniques.

On donne aux Who leur premier spot : « Tip for the
Top ». Une semaine après, le disque rentre dans le Top
Twenty, se vend à 10 000 exemplaires par jour, et atteint
finalement le n°8 et les 104 000 exemplaires. Lambert,
devenu fou, se ballade dans Belgravia en hurlant : *« On l'a
fait, on l'a fait, bandes de cons ».* Mais le lendemain, c'est la
désillusion : les royalties s'élèvent à 35 000 livres, mais la
campagne publicitaire a absorbé tous les bénéfices des deux
managers. Tous se sont fait du fric (les magasins ont vendu
pour 1 000 livres, Peter Townshend et l'éditeur David Platz
ont ramassé 2 000 livres) — sauf Lambert et Stamp. Les

Who ont eu 250 livres chacun, quant à Decca, ils ont ramassé en gros 16 000 livres. Pour la première fois, les Who contestent les termes de leur contrat. Après trois semaines de marchandages déments, la maison de disques accepte une augmentation rétroactive qui monte leur pourcentage à 4 % en Angleterre et en Europe. *« Ça a été connu comme « le Mythe de la pop »* dit Lambert. *« Nous avons commencé à nous rendre compte que ce premier disque n'était qu'un début. »* Endettés jusqu'aux yeux, ils refusent de donner dans le panneau, et abandonnent les films qu'ils produisent eux-mêmes. Et ils partent décrocher le gros lot en Amérique.

A la fin de l'année, « My Generation » sort aux U.S.A. et en Grande-Bretagne, il grignote le bas du *Billboard Hot 100*. Alors Chris Stamp part pour New York, dans l'espoir de provoquer l'enthousiasme des disc-jokeys et des producteurs TV. Et pour poser la question de leur contrat d'enregistrement à Sir Edward Lewis, directeur de Decca en Grande-Bretagne, et qui se trouve là-bas à la même époque. L'*Observer* rapporte : *« Stamp n'a pas obtenu grand-chose »*. Ils veulent entendre parler d'une seule chose : un hit. « My Generation » ne donne toujours rien, et Stamp désespère de sa maison de disques. Le lendemain, il téléphone à Martin Salkin, vice-président de Decca aux U.S.A. Fou de rage, il appelle Lambert pour le tenir au courant, et ensemble ils décident de rompre une fois pour toutes leur contrat avec Decca aux U.S.A., quel que soit le coût de l'opération. Stamp consulte son avoué américain, Joe Vigoda, qui pense trouver une solution légale, et arrange immédiatement une rencontre avec Sir Edward Lewis pour le lendemain matin.

12. Pause thé. *(Photo Dominique Tarlé)*

La rencontre avec cet homme, le plus important de l'industrie du disque, se passe très bien, Stamp vient avec Greenfield, le label manager américain des Who, et l'entrevue est cordiale, amicale. Sir Edward accepte d'aller l'après-midi même chez Decca, dont il est l'ancien patron, discuter et savoir si les Who peuvent changer de label américain. (Stamp a déjà reçu une offre de la concurrence, lui assurant un revenu de base de 10 000 livres, plus un étonnant 10 % du prix de détail US). Mais Sir Edward téléphone le lendemain à 17 h 30 pour dire qu'on ne peut rien faire. Stamp rappelle Lambert, qui lui dit : *« Romps le contrat. »*

Et c'est exactement ce qu'il font. Voilà la source de tous ces conflits et ces changements de face B. En février-mars, cette situation arrive si rapidement après leurs conflits personnels à l'intérieur du groupe que l'on a cru que ce n'était que la suite de leurs querelles personnelles. Cette question a pris des mois pour se résoudre. Ce n'est qu'au mois d'octobre suivant que tous les différends entre les Who et Shel Talmy ont été réglés, bien qu'en novembre Decca ait encore sorti une autre bande des Who, enregistrée un an avant, « La-La-La-Lies/Good's Gone ». Mais à l'époque les Who peuvent enregistrer à nouveau, non plus pour Decca, Shel Talmy ou Reaction, mais pour leur nouveau label, Track, créé par Lambert et Stamp (depuis, ce label a eu de gros succès avec Jimi Hendrix, Marsha Hunt, Arthur Brown, Thunderclap Newman et les premiers disques de Marc Bolan ; mais il est toujours lié aux Who).

Une fois de plus, c'est dans *Zig Zag* que Townshend parle en détail de cette curieuse série d'événements : *« Je ne sais pas grand-chose de Track, de sa politique ou de son histoire.*

Track était chouette non pas tant pour les petits détails que pour son orientation générale. C'est dommage que Chris et Kit n'aient pas pu s'occuper seulement du label mais aient eu à prendre les Who en charge à leur mauvaise époque, c'est-à-dire, pendant et deux ans après « Tommy ». C'est une période dure de la carrière du groupe, celle où l'on a un besoin impérieux d'un manager, et cela nous a fait passer par une série d'expériences absolument traumatisantes, à tel point que Track a été perdu dans la bataille. Cependant, je dis peut-être des bêtises, et les raisons sont sans doute ailleurs. Kit serait mort de rire et peut-être dirait-il qu'il s'est fait avoir par Polydor, oh merde, je n'en sais rien. Je pense que si Track continue, il continuera seulement pour les Who, et dans ce cas nous n'avons aucune raison d'aller ailleurs. Track nous a donné 75 % de plus que ce que nous donnait notre premier contrat chez Decca. Réaction, ça a été le point de rupture. C'est vraiment Robert Stigwood qui s'est interposé entre Track et Shel Talmy. Parce qu'on devait se débarrasser de Shel et que le seul type suffisamment fort qui était de toute façon branché sur les Who, et qui n'y laisserait pas de plumes, c'était lui. C'est pourquoi on a été sur son label pendant un certain temps. Allen Klein a essayé de se faire la main sur les Who, son ballon d'essai dans le rock.

« Ce que je veux dire, c'est qu'il a craché sur les Beatles et sur les Stones. Dieu sait comment on a réussi à s'en tirer. Mais on a consulté notre avoué, qui l'est toujours aujourd'hui. C'est un personnage austère, conservateur, tout à fait le genre Edward Heath. Il a jeté un regard à Allen Klein et nous a dit : « On s'en va ». Alors on a mangé

son caviar, jeté un coup d'œil à la statue de la Liberté depuis son yacht, chié dans ses toilettes, et on est revenu en Angleterre. C'est aussi à cette époque qu'Andrew Oldham a voulu se charger de notre management. La dernière fois que j'ai vu Shel Talmy, il se frottait les mains devant notre succès — car il touche encore une bonne part de royalties, même aujourd'hui. »

4

Les Who continuent à enregistrer même pendant la
période où ils règlent leurs problèmes dc contrat. Ils n'ont
de réelle coupure dans leur travail que quelques mois, sinon
quelques semaines. De même leur changement de style,
flagrant dans « My Generation » (et intentionnel) se pour-
suit, dévoilant très rapidement l'originalité d'Entwistle,
parolier de rock. A l'époque, il travaille déjà à partir
d'histoires qu'il raconte, décrivant les sentiments des personnages ainsi mis en situation. Cette méthode, les Beatles
eux-mêmes ne l'ont pas encore utilisée, même si, peu de
temps après, ils sortent eux aussi des textes plus lyriques et
plus complexes comme : « Paperback Writer », « Eleanor
Rigby », « Penny Lane », « Strawberry Fields Forever », chansons très différentes de celles des Who, mais qui vont dans
le même sens.

Début 1966, Townshend est devenu un créateur important dans le monde du rock, encore qu'il faudra quelque

trois années supplémentaires pour qu'il soit plus largement apprécié. A l'époque, ses textes ont déjà un impact exceptionnel. Des phrases comme : « Hope I die before I get old » (« J'espère mourir avant de devenir vieux ») tirée de « My Generation », ou encore ce cri « I was born with a plastic spoon in my mouth » (« Je suis né avec une cuiller en plastique dans la bouche ») sont inoubliables.

Parallèlement, les thèmes des textes suivants sont de moins en moins en rapport avec le monde du rock. Le thème du 45 T « I'm A Boy » est celui de l'homosexualité. Roger Daltrey affirme à l'époque : *« C'est le disque le plus contesté que nous ayons fait. Il parle d'un pédéraste. Mais c'est réellement pathétique car cet homosexuel n'a pas du tout envie de l'être. »*

A partir de ce moment-là, les textes de Townshend deviennent très corrosifs ; des sujets que Lennon et Mc Cartney ont gentiment effleurés, lui les met complètement à nu. Quand je l'ai interviewé dans les studios de Rediffusion (ils préparaient l'émission « Ready, Steady, Go »), Townshend m'a raconté comment il avait écrit cette chanson. *« Je l'ai faite il y a longtemps. C'est un extrait d'une opérette que j'ai commencé à écrire ; je n'ai composé que les trois premiers morceaux, et je ne suis pas allé plus loin. »*

Une fois leurs problèmes de contrats définitivement réglés, à la fin de l'année, dès qu'ils ont pu sortir leur deuxième album, Townshend pose des jalons pour aller beaucoup plus loin. C'est dans cet album qu'il sort son premier mini-rock opéra : *A Quick One While He's Away*, passé complètement inaperçu à l'époque, bien que première tentative du genre. A partir de ce moment-là, Townshend produit seul dans son studio personnel des morceaux beaucoup plus avancés que ceux des groupes de l'époque.

« Happy Jack » est une pathétique petite histoire, celle d'un âne dans l'île de Man, et « Pictures Of Lily » a pour thème la masturbation (ce qui passe également inaperçu). Pete a eu l'idée d'écrire ce morceau en voyant un dessin de l'époque victorienne : une carte postale accrochée au mur chez sa petite amie, représentant Lily Bauliss, nue, avec ces mots au dos : « As-tu le dessin de Lily ? ». *« John et moi on s'échangeait des dessins comme cela au lycée. On allait les acheter dans de petits magasins crasseux... Regarder des dessins cochons, ça fait partie de l'adolescence. »*

Dans la même interview : *« Si le groupe cassait, je continuerais à écrire des chansons et des opérettes, tout ce à quoi peut mener la musique que nous faisons aujourd'hui. Je ferais des arrangements, aussi bien que mes propres créations. J'aime tous les genres, le jazz moderne, surtout Charlie Parker et John Coltrane. J'aime aussi la musique classique, et la musique indienne. Tout ce qui est de qualité, et dénote de la créativité. »*

Mais tandis que fleurit le talent de Townshend, et qu'il planche sur *Tommy,* le groupe se tire de ses problèmes avec Decca, de ses changements de label et de sa rupture avec Talmy. Ils en ressortent beaucoup plus unis et s'aperçoivent bientôt que, dans toute cette histoire, ils ont perdu une partie de leur audience. Cela ne s'est pas fait d'un coup : « Substitute » est passé n° 5, « I'm A Boy » n° 2, « Happy Jack » n° 3, « Pictures Of Lily » n° 4, puis « I Can See For Miles »

13. Pete Townshend, 1967. *(Photo Dominique Tarlé)*

(incontestablement un de leurs meilleurs disques) s'est retrouvé au n° 10. Dans les dix-huit mois qui suivent, les Who ne sortent plus aucun tube. Tous leurs nouveaux 45 T font un bide.

C'est sans doute l'une des périodes les plus dures pour le groupe. C'est bien pire que leurs histoires de contrats dénoncés et de procès. Alors que « I'm A Boy » est déjà leur cinquième tube, Daltrey me confie qu'il n'a pas réussi à partir en vacances, alors que Keith est allé à Torremolinos et Pete en Israël. *« On doit bien encore valoir 100 000 livres pour certains »* m'a-t-il dit, admettant ainsi que le groupe a encore d'énormes dettes. *« On n'a pas fait de bénéfices, alors comment pourrait-on donner quelque chose à notre percepteur ? Ça a l'air incroyable et pourtant c'est vrai. Ceux qui ne sont pas dans le métier n'ont pas idée de ce que ça coûte de lancer un groupe. Je pense que personne n'y arriverait pour moins de 5 000 livres, et cela a dû coûter bien plus.*

« Je ne suis pas au courant pour les Beatles, mais je sais que pour les Stones, il a fallu attendre un bon moment avant qu'ils fassent des bénéfices. Maintenant, ça marche. Mais nous, on commence seulement à s'en sortir. Tu vois, c'est comme dans n'importe quel boulot. S'il y a des capitaux, c'est facile. Mais nous, on n'en avait pas. On s'est lancé à crédit, et ça nous a coûté très cher.

« On a dépensé des sommes fabuleuses pour la pub, les vêtements et le matériel. Et puis, il y a eu cette histoire de contrat, qui nous a empêché de sortir des disques pendant quatre mois. Et, même si on se faisait du fric avec les apparitions en salles, cela nous a sapé le moral pour six

mois. Avant les vacances, on avait vraiment le cafard. Presque tout ce que l'on avait gagné devait repartir pour rembourser des dettes, et il ne nous restait plus rien pour nous. On avait les nerfs à fleur de peau. »

Dans un contexte aussi dur que celui-là, rien d'étonnant que le fait de ne pas sortir de disque les ait vraiment démoralisés. En 1969, dans *Disc and Music Echo,* Pete Townshend révélait : « *On a eu des hauts et des bas. « My Generation* » *c'était une bonne période, mais avec « Happy Jack », on était redescendu à 50 livres la soirée. Pour un groupe, la réussite s'accompagne de restrictions incroyables. On doit sacrifier ses ambitions personnelles au groupe. Dans ma vie, c'est le groupe qui passe avant tout.* »

C'est là, je pense, une des principales qualités des Who : bien sûr, il y a des tensions, mais elles ne sont pas aussi fortes que celles qui peuvent exister dans d'autres groupes, comme par exemple les Rolling Stones — qui, eux, n'en disent pas un mot. Si les Who peuvent dépasser leurs conflits, c'est parce qu'ils s'investissent totalement dans le groupe ; et aussi parce que Kit Lambert et Chris Stamp sont prêts à tout partager, la gloire comme l'angoisse. C'est une association heureuse. A la différence d'autres groupes, les Who n'ont jamais eu à faire face à de mauvais managers qui se seraient barrés en emportant le fric. Et, depuis le premier jour où je les ai rencontrés, j'ai toujours pensé qu'ils étaient bien meilleurs musiciens qu'ils ne voulaient l'admettre. Je me suis souvent demandé si c'était par modestie ou si c'était qu'à l'époque où ils ont commencé à avoir du succès, l'amateurisme était encore très bien porté dans la musique pop. Je me trompe peut-être, mais c'est ce que je pensais à l'époque. D'autant plus que Kit Lambert lui-même avait des musiciens dans sa famille : son père était compositeur, mais aussi chef d'orchestre à Sadler's Wells et Covent Garden. Et, à l'époque où les Beatles ne pouvaient pas aligner une note de musique, Pete Townshend, lui, lisait et écrivait sa propre musique, faisait des arrangements et des compositions. Lui aussi venait d'une famille de musiciens. Son grand-père jouait à des concerts, son père, Cliff Townshend, avait été chef d'orchestre des Squadronnaires, orchestre qui a commencé à jouer pendant la Deuxième Guerre mondiale, tout comme l'orchestre de danse de la Royal Air Force. Sa mère, Bettie Dennis, avait été chanteuse dans un autre orchestre connu de l'époque, Sidney Torch. En fait, Townshend a été élevé dans la musique. De même, Entwistle a été encouragé dès son enfance à apprendre la musique, et il a appris à jouer de plusieurs instruments. Il a pris des leçons de piano depuis l'âge de sept ans, joué de la trompette depuis qu'il avait onze ans, et ensuite joué du cor dans le Middlesex Youth Orchestra, avant de se mettre à la guitare basse. Enfin, bien que l'on ne le sache pas, Daltrey jouait de l'harmonica.

Tout ceci n'a rien de commun avec le passé musical des autres groupes des années 60. J'ai eu l'impression à l'époque que, quand ils ont commencé à jouer, ils n'ont pas du tout exploité au maximum leurs talents de musiciens, même si cela s'est fait inconsciemment. Mais, quand leur période de malchance leur est tombée dessus, qu'ils se sont retrouvés avec juste l'argent qu'il leur fallait pour vivre et que leurs dettes s'accumulaient, les Who ont eu beaucoup plus de choses à quoi se raccrocher que les autres groupes, car ils croyaient en leur groupe, leurs managers aussi, et ils savaient que la musique est un domaine dans lequel les hauts et les bas existent.

Les Who s'étaient fait des fans sur le continent, et ils ont essayé à la fin du printemps 1967 de faire une percée aux USA, bien que la tournée ait été déficitaire et qu'Entwistle ait dû emprunter le prix de son voyage retour pour rentrer en Angleterre. De fait, il a fallu cinq ou six tournées supplémentaires là-bas avant que cela ne devienne rentable.

Mais, à la différence des autres groupes anglais, les Who étaient préparés à cela. Ils avaient de l'optimisme à revendre, et étaient prêts à attendre. Townshend m'a dit au cours d'une interview : *« Evidemment, je me sens encore dans l'insécurité, c'est pourquoi je continue à travailler, pour avoir plus de fric. »*

Et l'argent est arrivé. De cette période est né *Tommy,* le premier opéra rock jamais écrit, (en Grande-Bretagne ou ailleurs), essentiellement dû à la plume de Pete Townshend, aux quelques chansons d'Entwistle. Ce double album non seulement s'est vendu de façon fabuleuse, mais il a mis les Who dans une position de force qui leur a permis de négocier de grosses avances sur leurs contrats aux Etats-Unis et ailleurs. Ils l'ont fait, et d'un trait de plume, sont devenus millionnaires.

« On était venu au bureau pour une réunion de travail et on était assis autour d'une table quand ils nous ont annoncé que nous étions millionnaires. Alors on est sorti et on a dépensé l'argent », m'a dit Entwistle, lors de la fête donnée par Keith Moon qui pendait la crémaillère dans sa nouvelle baraque de Chartsey (65 000 livres). Il bluffait, comme

d'habitude. Et, bien sûr, ils n'ont pas tout dépensé comme ça. Mais Moon avait maintenant sa maison et ses instruments. Le groupe a pu se payer le meilleur équipement, ce qui avait toujours été son ambition. Avec *Tommy,* les Who sont arrivés. Ils n'ont plus jamais perdu d'argent ensuite.

5

Tout en étant une pièce maîtresse des Who, *Tommy* est également une réussite personnelle de Pete Townshend. C'est à partir de là que sa réputation de musicien créatif a été confirmée, le plaçant à l'avant-garde de la musique rock, non seulement en Grande-Bretagne, mais également sur un plan international. Tout comme Bob Dylan et John Lennon, il y était préparé mentalement et intellectuellement — par sa personnalité tenace, résolue, ambitieuse et même sans scrupules en apparence mais structurée et idéaliste, consciencieuse, intensément politique, cultivée, appréciant le classique, et stable dans sa vie privée.

Comme je l'ai déjà dit au chapitre précédent, il fut élevé dans un milieu musical. Son grand-père, Horace Townshend a joué dans la revue de Jack Sheppard et écrit, avec sa femme, la chanson à succès d'avant-guerre « Bathing in the Briny » pour Betty Driver. C'est par la suite que le père de

Pete, Cliff Townshend, s'est fait connaître comme saxophoniste de l'orchestre de danse de la R.A.F., et c'est avec des collègues de ce groupe qu'il avait formé les «Squadronaires», un des orchestres de danse de la radio les plus connus. Sa mère était connue autrefois sous le nom de Betty Dennis et chantait avec l'Orchestre Sidney Torch. Pete est leur fils aîné — il a deux frères, Paul et Simon, tous deux musiciens malgré leur jeune âge. Paul a onze ans de moins que Pete, et Simon a quatre ans de moins que Paul.

On ne connaît que peu de chose sur l'enfance de Pete Townshend; au cours des interviews, il a toujours choisi d'éviter soigneusement les questions portant sur sa vie privée (ce que chacun des Who a plus ou moins fait à différents niveaux).

Cependant, il est évident que sa famille l'a encouragé à apprendre à lire et écrire la musique et à jouer différents instruments, tant et si bien que lorsqu'il a rejoint John Entwistle au Dixieland Jazz Band, il jouait du banjo avant de se convertir à la guitare et possédait déjà un champ musical assez étendu.

S'il lui est arrivé d'être malheureux dans sa vie, il semble que la cause unique ait été le fait qu'il soit né avec un nez particulièrement grand — il en était très conscient et y imputait son manque de succès avec les femmes; il était également en proie aux railleries des autres enfants. Il semble, d'après certaines des choses qu'il a pu dire au fil des années, que cet état de fait ait fait naître en lui le désir de réussir et de prouver qu'il était aussi bien, sinon mieux que les autres.

Par exemple, lors d'une interview avec l'*Evening Stan-*

dard, il a déclaré : « *Quand j'étais môme j'avais cet énorme pif, et on me taquinait toujours à ce propos. Alors, je me disais : « Bon sang, je vais leur montrer. Je leur pointerai mon grand pif de tous les journaux d'Angleterre — et là ils ne riront plus.* » *Quand j'ai commencé à chanter avec le groupe, je montais sur scène et j'oubliais complètement que j'étais Pete Townshend, celui qui n'a pas de succès avec les dames, et d'un seul coup, je me rendais compte qu'il y avait des petites filles qui se marraient en montrant mon nez. Et je me disais, je les emmerde, ils ne vont pas rigoler dans mon dos. Et je devenais de plus en plus furieux. Mon jeu de scène ridiculement démonstratif était entièrement mis au point de manière à me transformer en corps et faire oublier mon visage. La plupart des chanteurs pop étaient mignons, mais moi je voulais que les gens regardent mon corps et qu'ils n'aient plus besoin de regarder ma tête s'ils ne la trouvaient pas à leur goût.* »

Quand il a quitté l'Acton Grammar School pour commencer un cycle de quatre ans en dessin graphique au Collège d'Art d'Ealing, Townshend est parti de chez ses parents et a emménagé dans un appartement à Ealing avec quelques amis étudiants — il n'avait que quinze ans : « *Je ne m'étais pas engueulé avec mes parents ou quelque chose comme ça,* a-t-il dit, *c'est tout simplement parce que je voulais faire ce que j'avais envie — passer des disques toute la nuit si ça me chantait. J'ai peu d'amis, mais ceux que j'ai, je les ai rencontrés à cette époque-là. Il y en a certains qui sont restés au Collège après que je suis parti.* »

Ses amis de cette époque pensaient d'une manière aussi radicale que lui et cette période fut pour lui aussi construc-

14. Pete Townshend, 1967. *(Photo Dominique Tarlé)*

tive que ses différentes phases musicales. « *Quand j'étais au Collège d'Art j'étais une espèce de communiste*», a-t-il déclaré au journal *Disc and Music Echo* en 1966 — et il a ajouté : « *Maintenant je ne suis vraiment rien du tout. J'aimerais bien que les « Tories »[1] reviennent. Les gens qui ont de l'argent, comme moi, ont besoin d'un gouvernement « Tory »*. Ceci est une remarque curieuse vu qu'un peu plus tôt dans l'année, lors d'une interview de *Melody Maker*, il disait : « *C'est bizarre comme le mot « Vietnam » s'est domestiqué. J'ai des copains américains qui ont été déportés d'Angleterre pour toutes sortes de choses, et il y en a un, un criminel, qui a été appelé et tué au Vietnam. Sa mère a reçu à peu près 35 francs du gouvernement américain. Il faudrait qu'il se passe quelque chose de vraiment gros pour mettre fin à la guerre, que ce soit du côté des gens du Vietnam ou de ceux d'Amérique. En fait, tout ça est devenu un peu ennuyeux, un de ces problèmes comme la Corée. Cette guerre-là n'a jamais été gagnée, n'est-ce pas ? Il y aura toujours des jeunes pour se jeter sous les tanks. Je me demande ce que je ferais si j'étais dans ce genre de situation. Je soutiens toujours les principes des Jeunes Communistes. Si j'étais en Russie et qu'il y avait une période d'austérité de prévue sur cinq ans — et si c'était pour le bien du pays — ça ne m'ennuierait pas du tout. Je serais content de voir qu'il se passe quelque chose.* »

Pendant son séjour au Collège d'Art, Townshend a rencontré sa femme, Karen Astley. Elle était étudiante en dessin de mode et confectionne toujours la plupart de ses

1. Conservateurs.

vêtements. Ils se sont mariés en mai 1968 à la mairie de Didcot, Berkshire. Townshend avait toujours prétendu qu'il était contre le mariage, mais après le sien il a déclaré au journal *Disc and Music Echo* que cela avait été un des plus beaux jours de sa vie. *« Comme la majorité des hommes, je pensais ne jamais me marier, je pensais tout simplement que ce n'était pas nécessaire. Je vivais avec Karen depuis à peu près deux ans et c'était « okay ». C'est alors que je me suis rendu compte qu'il y avait des tas de problèmes quand on n'est pas marié. En fait, je suis allé faire rédiger mon testament parce que je voulais laisser quelques trucs à Karen, et je me suis dit: « Pourquoi ne pas se marier? » Comme ça, tout lui reviendrait s'il m'arrivait quelque chose. De plus, quand tu vis avec une fille, tu n'as pas droit à une réduction d'impôts, et si tu meurs la fille ne touche rien. Alors on s'est mariés. Je voulais que ce soit tranquille, mais bien sûr les familles adorent ce genre de truc. Et aussi bizarre que cela puisse paraître, j'ai passé un des meilleurs moments de ma vie à ce mariage — je me suis vraiment bien amusé. »*

Pete et Karen Townshend avaient clairement pensé à fonder une famille car il a ajouté: *« J'aimerais bien avoir des enfants un jour, et on ne peut pas élever des enfants en dehors du contexte social. C'est vrai que les gosses illégitimes sont lésés... on peut appeler ça la responsabilité, mais c'est pas ça. Il n'y a aucune famille qui peut passer à travers toutes les tensions et les contraintes s'il n'y a pas une union heureuse au départ. On ne peut pas éprouver d'amour pour un bienfaiteur anonyme — du genre père qui rentre de travailler, qui balance sa paye sur la table et qui sort tout de suite pour aller aux courses. Les gosses ne savent même pas qui il est... La notion d'autorité est déplacée, celle de liberté également. Ni l'une ni l'autre n'existent dans le mariage. A la base, la seule chose qui représente quelque chose, c'est l'amour. Et ça veut tout dire !»*

Avant de se marier, Townshend habitait un appartement à 36 livres par semaine, à Belgravia, où il vivait avec Karen d'une façon plus ou moins renfermée, mais après leur mariage ils ont acheté une maison géorgienne sur « The Embankment» juste à côté du centre de Twickenham, sur les bords de la Tamise, face à Eel Pie Island, une des premières demeures du Rhythm n' Blues. Ils ont acheté cette maison par l'intermédiaire d'une agence locale pour 16 500 livres (ça se passait avant les hausses des prix sur la propriété, elle doit valoir trois fois ce prix maintenant). La maison est entourée d'un terrain de 20 ares. Elle avait été endommagée pendant la guerre et aurait dû, à un moment donné, être démolie, mais les habitants de la localité ont protesté, et, bien avant que les Townshend l'achètent, la maison de trois chambres avait été restaurée dans son style d'origine.

Une des premières choses que Townshend a fait fut de s'installer son propre studio d'enregistrement pour 8 000 livres — installation qui comprenait un bouton reliant la cuisine et le studio afin que Karen puisse l'appeler aux heures des repas. C'est là qu'il passait de longues heures à enregistrer des bandes d'essai.

Aujourd'hui Karen et Pete ont deux enfants — Emma et Arminta — et ils mènent une vie paisible et heureuse, soulignée par les croyances religieuses de Pete qui sont basées sur les enseignements du théologien indien Meher Baba.

Avant de devenir un disciple de Baba, Townshend est passé par une phase « drogue ». Dans les premiers temps, quand il écrivait, il disait qu'il était un « pill head » (mangeur de pilules). C'est à cette époque-là qu'il a écrit « I Can't explain » (« Je Ne Peux Pas Expliquer »), « Anyway, Anyhow, Anywhere » (« N'importe comment, N'importe où ») et « My Generation » (« Ma Génération »). *« J'écrivais ça dans l'esprit du minet bourré de pilules. Je pensais vraiment que c'est ce que j'étais »*, a-t-il dit par la suite au *New Musical Express*. Plus récemment, il a déclaré qu'à l'époque du Monterey Pop Festival en 1967 — époque que les Who considèrent comme étant le tournant de leur carrière aux Etats-Unis — il avait essayé d'autres drogues. *« J'ai également goûté à la drogue psychédélique la plus puissante que l'on pouvait se procurer à l'époque, le STP. Après ça je me suis dit: Que reste-t-il à faire ? J'ai arrêté de prendre des drogues psychédéliques. J'ai continué à fumer du hash pendant quelque temps jusqu'à ce que je me rende compte que je n'en avais plus besoin. »* Et il a déclaré au *Daily Express* que c'est après Monterey qu'il a décidé de ne plus toucher à la drogue. *« J'ai trouvé vraiment dommage que quelque chose d'aussi incroyable que Monterey ait été basé sur la défonce »*, a-t-il dit, en ajoutant que le voyage de retour en avion avait été une expérience horrible. *« J'avais l'impression que même si on m'avait coupé la tête, cette impression horrible aurait duré éternellement car je n'étais pas dans mon corps — j'essayais de m'en échapper. Je ne m'étais jamais rendu compte à quel point ma tête était fragile. Je pensais vraiment que j'étais plutôt costaud. Depuis, je me pose des questions à propos d'un tas de gens. Je pense qu'il n'y a pas de croisade qui mérite autant qu'on y engage un maximum d'énergie en ce moment que la lutte anti-drogue. »*

Maintenant, Townshend dit n'avoir pas repris de drogue depuis Monterey. Et, dans un sens très réaliste, la satisfaction qu'il retire de son travail, de sa vie privée, et de son

15. Pete Townshend, 1967. *(Photo Dominique Tarlé)*

identification avec Meher Baba, ne lui laisse aucun vide à combler.

Townshend n'a jamais hésité à parler de Baba, un mystique presque contemporain qui prétendait être le Messie durant sa vie, et qui mourut tout récemment; en 1969, mais ses convictions n'ont jamais été pour autant l'objet de publicité tapageuse. Depuis les mésaventures plutôt bizarres des Beatles avec le Maharishi, la plupart des artistes ayant un penchant pour les croyances orientales en parlent avec discrétion — et Townshend était disciple de Baba depuis déjà quatre ans quand ça c'est su. On trouve plusieurs disciples de Baba parmi les musiciens britanniques — Ronnie Lane (ex-Faces, maintenant artiste solo ayant son propre groupe, Slim Chance) et Peter Hope Evans de Medecine Head. Townshend dit avoir été présenté à Baba au cours d'une tournée en Australie avec les Who aux environs de 1965. Au cours d'une discussion détaillée avec *Disc and Music Echo* en 1972, Townshend dit: « *J'avais peur de faire plus de mal que de bien en annonçant mes convictions. Mais Baba est très vite devenu connu en Amérique et ça n'a fait que renforcer cela... Baba n'a besoin de personne. Ce n'est pas une histoire de flirt comme l'affaire Maharishi. C'est quelque chose qu'on ne peut pas prendre à la légère. Il faut tout d'abord accepter ou non le fait qu'il soit le Messie. S'il y a besoin de plus de preuves, il faut en chercher la confirmation... En regardant en arrière, je pense que j'avais besoin de quelque chose dans ma vie, mais à l'époque je n'étais pas conscient de ce besoin. Ce n'est pas quelque chose dans lequel je me suis engagé parce que j'étais abîmé par la drogue ou quelque chose comme ça. Il se trouve que j'étais en pleine forme. Malgré le fait que je n'étais pas obsédé par l'acide, ça m'avait ouvert l'esprit de beaucoup de différentes manières. Ronnie Lane des Faces est également un disciple de Baba. Il interprète tout d'une façon très terre à terre. Je préfère les adeptes pratiques aux rites... Je ne peux rien prêcher. Ce serait peut-être bien pour vous ou n'importe qui d'autre, mais il faut découvrir par soi-même.* »

Townshend est allé aux Indes, et, selon sa croyance, s'est agenouillé au pied de la tombe de Baba et a embrassé le sol. *« Je me suis vraiment senti devenir grain de poussière »*, a-t-il dit au *Daily Express, « c'était fantastique. D'un seul coup tout a repris des proportions réelles. Ça n'a duré que trois secondes. J'attends avec impatience le moment où je retrouverai cet état d'excitation, de paix pure et absolue.* »

Pendant qu'il était aux Indes — en février 1972 — Townshend habitait avec la proche famille de Baba et ses disciples, et, au cours de l'interview avec *Disc and Music Echo* sur ses convictions, il a dit : *« Il y a une cérémonie qui a lieu quand tous ses adeptes sont réunis autour de sa tombe en chantant « Begin the Beguine », une des chansons préférées de Baba. Ça m'a complètement bouleversé. Quand je me suis remis debout, je pleurais.* »

L'influence de Baba a commencé à se faire sentir dans la musique de Townshend dès 1969, année où est sorti *Tommy*. Il avait également enregistré, dans son studio de

16. Keith Moon et Pete Townshend, 1967. *(Photo Christian Rose)* ►

Twickenham, un album tout spécialement destiné à ses condisciples et dont il a distribué 1 500 exemplaires. Cet album serait sans doute resté dans l'ombre si l'éditeur musical américain des Who n'avait pas découvert que l'album avait été piraté et portait le titre *Pete Townshend's Meher Baba* sans aucune autre explication sur la pochette. Townshend a déclaré au *New Musical Express: « Voici ce que Decca m'a dit indirectement: « Ces albums se vendent 11,98 dollars dans les magasins, et nous ne pouvons rien y faire au titre de la loi portant sur les disques pirates, parce que ce n'est pas un disque légitime. Ça ne nous dérange pas que vous en fassiez. » Ils n'ont pas fait pression avec les contrats ou quoi que ce soit. En fait, personne ne l'a fait. Tous les gens du business... je ne suis pas foutu de savoir pourquoi... mais tous les gens du business — Track, Decca, Polydor — ils ont tous été si respectueux. C'était presque comme si j'étais un foutu moine, et qu'ils considéraient ces albums comme faisant partie de ma thérapie ou quelque chose comme ça. Les maisons de disques renonçaient à d'énormes pourcentages. Je crois que « Bangla Desh » avait instauré certaines traditions dont l'industrie est devenue très fière, avec raison d'ailleurs, et ils voulaient garder cette image de marque. A la fin ils m'ont dit: « On va vous le sortir, on vous donnera un dollar par album », ce qui est une somme incroyable, « et nous veillerons à ce que tout soit fait avec goût » — Je me suis dit pourquoi pas? « Combien voulez-vous d'exemplaires? » Ils ont répondu: « Eh bien, on en prendra 25 000 pour commencer ». J'ai failli passer à travers le foutu plafond. J'ai dit: « Combien? Jésus, ça fait beaucoup d'albums ». Alors j'ai dit: « Ecoutez, si on s'en-*

gage là dedans à cette échelle-là, pourquoi ne pas faire un autre album plus frais ? »

C'est ce que Townshend a fait, remixant certaines bandes, en ajoutant d'autres — et le résultat fut son album solo *Who came first,* qui a réuni plus de 20 000 livres pour le fonds de solidarité qu'il a créé pour soutenir les projets et les œuvres de bienfaisance de Baba. L'album comportait un morceau de Ronnie Lane, « Evolution » et un autre, d'inspiration religieuse, « Parvardigar », tout en incluant des morceaux comme « Let's see Action », et même la chanson de Jim Reeves « There's a Heartache Following Me » qui avait été une autre des chansons préférées de Baba.

Pete Townshend, avec sa discrétion habituelle, a réussi à faire connaître ses opinions sans faire de publicité tapageuse. Il faisait avec succès la transition de Pop Star à Artiste, et il la faisait sans compromis et sans entamer sa crédibilité, ce qui est beaucoup plus difficile qu'on le croit.

« Je ne fume pas de hash, par exemple, mais je suis souvent avec des gens qui fument, a-t-il dit au *Melody Maker, Baba a changé ma vie à ce niveau-là. Je ne fréquente pas d'ordinaire les scènes habituelles de tournées, les parties pornos ou le genre de choses qu'on voit sur les posters des Faces, mais ça existe autour de moi. Ceux qui aiment Baba aux Etats-Unis sont incroyables. Ils arrivent dans ma chambre et font « Jah Baba »* (il brandit le bras), *qui veut dire « Victoire à Baba » et la pièce est pleine de gens... des guitares cassées par terre, des tas de bouteilles de whisky, des téléviseurs dans la rue, de la confiture de citrons sur les murs. Il est impossible de comparer les deux phénomènes. Je ne dis pas que je reste assis à l'écart,*

comme un bon sang de phare au milieu d'une mer en tempête. Je suis concerné, je suis dedans, et la plupart du temps, j'en fais partie. C'est tout simplement que Baba est assez fort pour te tenir, et il est possible pour toi de le tenir également, quelles que soient les circonstances ! »

Sur un plan artistique ou musical, il ressort que la foi de Townshend en Meher Baba a donné un sens beaucoup plus réfléchi à ses textes. Même avant de découvrir Baba, les chansons de Townshend avaient une force et un thème très différents du courant général de la musique rock britannique, mais elles n'étaient pas encore aussi raffinées que ces dernières années.

Il avait écrit « My Generation » en rentrant chez lui par le train, et devait admettre plus tard (dans une interview du *Record Mirror*) : *« Ouais, le gars qui chante est supposé être bloqué. Dans un sens ce sont des souvenirs — les minets ne se bloquent plus maintenant. Ils se saoulent. Les pilules n'étaient qu'une mode. »* Avec « Substitute » et « I'm A Boy », on commence à sentir une pointe d'humour, alors qu'avant la colère était l'émotion principale. Ses premières chansons avaient une phrase dominante qui accrochait le public — comme « I hope I die before I get old » (« J'espère mourir avant d'être vieux ») et « Why don't you all f-f-f-fade away » (« Pourquoi ne pas tous disparaître ») de « My Generation » ou cette phrase « I was born with a plastic spoon in my mouth » (« Je suis né avec une cuillère en plastique dans la bouche ») de « Substitute ». C'est à ce moment-là que Pete Townshend a commencé à travailler sur *Tommy*. On était en 1967. Chaque vers était structuré et développé de manière que chacun fasse partie intégrante de l'ensemble. Et ce n'était pas facile — que ce soit au niveau de la chanson ou du projet dans son ensemble. En 1966, Townshend m'a dit que « I'm A Boy » avait été extrait d'un autre opéra rock sur lequel il travaillait. Cela se passait trois ans avant que *Tommy* soit acclamé par le public.

C'était à une époque où les disques de Jim Reeves se vendaient bien. Dave Dee, Dozy, Beaky, Mick and Tich étaient devenus un des groupes les plus chauds du pays. Pete Townshend en parlait avec mépris : « *Quand tu penses que des disques comme « Distant Drums » et « Bend It » arrivent à être n°1 au hit parade... Quand des trucs comme « I'll Be There » et « I'm A Boy » y arrivent, c'est bien parce que ça veut vraiment dire quelque chose. Du moins ça veut dire quelque chose pour moi, même si ça ne veut rien dire pour les autres. Je l'ai extrait d'un opéra que j'ai écrit sur l'an 2000. C'est à l'époque où on peut choisir le sexe de ses enfants, et il y a cette femme qui commande quatre filles et il y en a une qui s'avère être un garçon mais elle fait comme si c'était une fille... Horrible.* »

A cette époque, il se demandait comment intégrer la musique pop à un ballet classique et toute autre forme de spectacle.

« *Rien de tous ces trucs modernes — du bon ballet. Je n'aime que la bonne musique classique et la bonne musique pop*». « *Ça c'est bien*, dit-il, alors que les Beach Boys passaient sur le haut-parleur. *Je déteste les producteurs et les arrangeurs. Ils ont des idées, mais ils sont tellement stupides qu'ils sont obligés de faire traduire leurs idées en musique par quelqu'un d'autre. J'aimerais faire un peu plus d'arrangements, mais il me semble plus important d'écrire. Je suis dans une mauvaise phase en ce moment. Je ne peux rien écrire, mais ça m'est déjà arrivé, alors je ne m'en inquiète pas... ça va passer. Je suis heureux quand j'ai fait une bonne chanson, et que je sais qu'elle aura du succès, ou quand j'ai fait une bonne séance d'enregistrement ou que j'ai donné un bon spectacle. La vie d'un homme est bizarre. Elle est constituée de désirs et de succès. J'essaie de me passer du désir maintenant — c'est trop gênant — mais je ne fais pas beaucoup d'efforts... En ce qui me concerne, l'argent est important également — très, très, très important. J'en voudrais assez pour pouvoir faire tout ce dont j'ai envie. Je voudrais une espèce d'opulence bourgeoise. Les voitures, par exemple. J'en ai deux, mais je suis content du moment qu'il y en a une qui marche et que je peux sauter dedans et m'en aller. »*

Ces citations sont intéressantes, non seulement parce qu'elles expriment les sentiments de Townshend à l'époque où il a commencé à écrire, mais également parce qu'il y a plusieurs Pete Townshend qui essaient de s'exprimer. Il est parfaitement conscient de ses limites et de celles de la musique, et pourtant il reste perfectionniste.

« On ne peut pas écrire à propos d'émotions trop subtiles », a-t-il dit une fois à Michael Watts, du *Melody Maker*. *« Normalement, il faut parler d'émotions adolescentes, de sentiments, de frustrations ou de choses qui n'ont jamais*

été dites, découvertes ou faites. La musique rock ne peut dépasser ses limites. Elle ne peut devenir autre chose qu'un mélange de variétés, de musique de danse et d'un peu d'idées — elle ne peut pas être plus que ça. Mais elle peut représenter une tranche de vie, une tranche d'histoire. »

Et le fait que les disques des Who soient exactement ça définit l'envergure du succès personnel de Pete Townshend.

6

Alors que Pete Townshend a donné une renommée aux Who sur le plan artistique et en tant que guitariste en a fait un des groupes ayant le plus de succès dans le monde, Keith Moon a contribué à la personnalité du groupe d'une façon assez bizarre. En tant que batteur, on ne peut utiliser que des superlatifs pour le qualifier... mais ce n'est pas sur ce plan que le milieu musical a basé sa légende. Son succès n'a pas grand-chose à voir avec la musique. Là où passe Moon, il s'ensuit le chaos et les durs craquent. On le connaît sous le nom de « Wild Man of Pop » (« Le Sauvage de la Pop ») et « The Looner » (« Le Dingue ») — et certaines de ses aventures ont été tellement étranges que même ses amis n'hésitent pas à dire qu'il est fou à lier.

Qui d'autre que Keith Moon aurait conduit sa Lincoln Continental droit dans la piscine d'un hôtel le jour de ses vingt et un ans ? Et ce n'est qu'un incident mineur dans la vie de Keith Moon! Il buvait des bouteilles de vodka d'une traite — et se déshabillait ensuite. Racontant l'incident dans *Petticoat*, Keith Altam a dit : *« Quand les flics sont arrivés ils ont trouvé Keith à poil, couvert de gâteau d'anniversaire. Faisant comme s'il s'agissait de la séquence d'un film, il s'est enfui, terminant sa course en dérapant sur un morceau de gâteau et se cassant les deux dents de devant. A son réveil au poste le lendemain matin, il s'est aperçu que les autres Who étaient partis sans lui, le laissant se débrouiller pour les rejoindre à Chicago. Pour ce faire, il a tout simplement loué un Jet. Inutile de dire que la facture comportait un certain nombre de zéros et les Who ont gentiment partagé les frais. »* A la suite de cet incident, Moon a déclaré à *Disc and Music Echo : « C'était le jour de mes 21 ans et je vais les refêter cette année et l'année prochaine vu que je n'en ai pas apprécié le déroulement... Il y avait une demi-douzaine de voitures garées autour de la piscine — toutes superbement peintes. A la fin de la fête elles étaient toutes plus ou moins métallisées, ce que je trouvais beaucoup mieux. Pas les propriétaires, malheureusement. On avait des bombes contenant des produits chimiques bizarres et tout le monde en a mis un coup sur les voitures — la peinture partait par lambeaux. »*

Une fois, les Who étaient dans le salon d'un hôtel américain quand ils ont entendu, dans le lointain, une explosion, mais n'y ont pas prêté attention — jusqu'à ce que l'un des membres du personnel de l'hôtel vienne leur dire : *« Excusez-moi, Monsieur, mais il y a quelqu'un qui a fait sauter les toilettes ! »* Moon avait encore frappé — il avait laissé tomber un explosif dans la cuvette.

« *Ecoute, tout le monde est un peu excentrique. Mes excentricités ont simplement une autre forme* » dit Moon.

Et ce n'est pas peu dire ; quand les Who ont quitté un hôtel au Canada, il y avait des piranhas mangeurs d'hommes dans la baignoire... Quand ils sont partis d'un hôtel à Los Angeles, on a trouvé des grenouilles dans la piscine — Moon les avait achetées « *pour son serpent apprivoisé* »... Et plus d'un poste de télévision a disparu dans des piscines. Personne n'a jamais su si Moon cherchait à savoir si les télés nageaient ou pas.

« *Quand on est en tournée, je ferme la porte de ma chambre à clef* », m'a dit une fois John Entwhistle. « *C'est invariablement Pete ou Keith qui veulent faire la fête. Pas Roger. Lui, il se couche de bonne heure tous les soirs sous prétexte qu'une bonne nuit de sommeil protège sa voix. Alors la fête a tendance à démarrer là ou il y a une porte ouverte... Il y a des gars qui débarquent avec des bouteilles... C'est pour ça que je ferme ma porte à clef.* »

Non content d'avoir fait voler en éclats les w.-c. en y jetant un pétard, Moon en a attaché un à chaque poignée de porte d'un hôtel en Alabama et les a fait exploser. « *Le directeur est venu nous voir le lendemain et nous a dit que c'était une bonne blague — mais qu'il ne voulait pas nous revoir* », a dit John.

« *Un des problèmes avec Keith c'est qu'il saigne beaucoup. Une fois, à un concert à Amsterdam, on jouait pour 15 000 personnes et nous devions arriver sur la scène par un escalier recouvert de tapis. Keith a commencé à courir — et ne s'est pas arrêté. Il a traversé la scène et est passé par-dessus le bord, entraînant deux baffles avec lui... La foule a éclaté de rire, mais quand il s'est relevé il était couvert de sang. »*

Aussi étrange que cela puisse paraître, l'incident qui a causé le plus d'embarras aux Who n'avait pas été provoqué par Keith — mais par Pete Townshend. Ça s'est passé à Memphis. Les Who attendaient pour prendre l'avion à une époque où les détournements étaient devenus fréquents. Les haut-parleurs diffusaient un message à l'attention du public, annonçant que l'avion aurait du retard quand un des haut-parleurs s'est mis à émettre des sifflements. Pour blaguer, Townshend est tombé à genoux devant le haut-parleur et a balbutié en faisant semblant de pleurer :

« Ok... Ok... arrêtez... je confesse... je vais vous dire où j'ai mis la bombe ». Une des hôtesses a cru qu'elle avait affaire à un véritable pirate de l'air — et immédiatement l'aéroport a été évacué, l'avion annulé et Pete Townshend embarqué par le F.B.I. pour un interrogatoire de deux heures. *« Ce qu'on ne savait pas, c'est que Martin Luther King venait de se faire descendre à Memphis — et que son père devait prendre le même avion. Pete n'aurait jamais fait une blague pareille s'il l'avait su — mais on comprend l'inquiétude du F.B.I. Ils ont vraiment fait passer un sale quart d'heure à Pete. »*

Mais la plupart des incidents étranges de la carrière des Who ont eu pour origine les facéties de Moon.

Un jour il s'est habillé d'une soutane et a descendu Oxford Street déguisé en vicaire — tout simplement pour voir la réaction de la foule. Sur un signal convenu, une bande de copains a fait irruption d'une Rolls-Royce, habil-

17. Roger Daltrey et Keith Moon *(Photo Dominique Tarlé)*

lés de costumes à la Al Capone, et ont entraîné Moon qui se débattait dans la voiture. Quand ils ont démarré, une foule de gens bien-pensants ont couru derrière, espérant sauver le vicaire. Il arrive fréquemment que Moon s'habille en chauffeur pour aller faire un tour au volant d'une de ses propres voitures... et même parfois déguisé en Adolf Hitler !

Mais ce serait une erreur de juger Keith Moon comme un irresponsable total. Ses collègues musiciens l'aiment peut-être plus profondément que n'importe quel autre musicien du métier. *« J'adore cet homme »*, m'a dit un jour Marc Bolan. Et il n'est pas rare que ses amis expriment leurs sentiments à son égard en ces termes. C'est un homme chaleureux, généreux, remarquablement fragile (quoiqu'il n'aimerait pas l'entendre dire), et son sens du comique tient du génie.

Les grands comédiens ont généralement une spontanéité, un don au niveau des mots, un sens du ridicule et une exubérance à peine contrôlable.

Moon possède ces qualités — il est lui-même très érudit en ce qui concerne la comédie en tant qu'art.

Moon est né le 23 août 1947 à Wembley. Il a un frère, Leslie, et une sœur, Linda. A l'école, il excellait en anglais et en sciences et ressemblait tout à fait à un enfant de chœur. Même maintenant, il parle doucement. Mais l'école n'était pas son fort. *« J'étais insolent — avec les professeurs, bien sûr »*, m'a-t-il dit une fois, *« et on m'a demandé de partir. Ça voulait dire que si je ne partais pas de moi-même, ils me jetteraient dehors. Ça m'était égal. Je détestais l'école. Après ça je suis allé au collège technique, et j'ai fait beaucoup de boulots. On m'a jeté dehors plusieurs fois parce que je semais la confusion, mais la plupart du temps c'était parce que j'avais envie d'aller ailleurs. »*

Une fois il a été vendeur de plâtre et de gypse, mais depuis sa plus tendre enfance il était fasciné par la musique. Sa mère a dit que cet intérêt date de l'âge de trois ans. Il restait assis pendant des heures près d'un vieux gramophone portatif à écouter des disques de gens comme Nat King Cole et Jimmy Shand. Plus tard il s'est enrôlé dans les Cadets d'une école Navale et s'est mis au clairon avant de s'intéresser à la batterie. Son premier kit lui a couté 25 livres et son père l'a aidé à réunir la somme. Il avait seulement seize ans quand il a rencontré les Who pour la première fois dans un pub à Greenford. C'est à ce moment-là qu'il est devenu leur batteur. Il a commencé à jouer dans la région avec les Who, a dit sa mère, Mme Kathleen Moon, à *Disc Weekly: « Mais je dois reconnaître que quand il m'a annoncé qu'il allait quitter la ville, j'étais morte de peur. Après tout, il n'avait que seize ans, et c'est une réaction normale pour une mère. J'ai passé des nuits blanches la première fois qu'il est parti. Mais c'est un garçon prévenant, et il me téléphone toujours, même des endroits les plus éloignés. »*

A dix-neuf ans, il s'est marié avec Kim, un très joli mannequin blond dont la famille habitait Bournemouth, où Moon a passé le plus clair de son temps dans les années soixante. Pendant trois ans, leur mariage a été connu seulement de leurs amis du milieu musical. Au début, Moon menait une vie tranquille — jamais le fou furieux qu'il donnait l'impression d'être en public (quoique dans leur premier appartement il y eût une bouteille de champagne qui sortait du mur — Keith, en colère, l'avait jetée contre le mur et la trouvant bien là, l'avait fait encadrer.)

Quand ils se sont séparés à la fin septembre 1973, Moon a dit au *Daily Express: « Les tensions occasionnées par mon travail nous ont terriblement pesé. Et ma femme a dû subir toutes sortes d'attaques verbales et physiques — on lui a même jeté des œufs. »* Il a déclaré que, quand leur mariage

18. Keith Moon, 1969.
(Photo Dominique Tarlé)

secret a été connu de ses fans, Kim avait reçu des lettres d'injures ; il y en a même un qui l'a agressée avec une masse. Il a confié au *Daily Mail : « Je suppose que, malgré la vie luxueuse qu'elle avait, moi et mes fans ne lui ont pas rendu la vie facile. Elle n'arrivait pas à assumer la célébrité. C'en est devenu à un point qu'elle ne pouvait plus supporter la Pop Music... elle la détestait même. Elle ne voulait pas venir aux concerts, ne voulait pas parler de musique. Elle a même essayé de me faire changer parce qu'elle ne supportait pas qu'on rie de moi. Mais quand t'es clown, tu dois accepter ce genre de choses, n'est-ce pas ? Elle me disait sans arrêt de devenir adulte. Eh bien, parfois je fais des trucs dingues, du genre faire le tour du jardin en Rolls à 80 miles à l'heure. Mais je suis comme çà. Je pensais qu'elle s'y était habituée. Il semble que non... Quand je travaillais la nuit, elle ne me croyait jamais. Elle pensait que je me prenais du bon temps. Je suppose que j'ai également des torts. Ce que je veux dire, c'est que c'est vraiment difficile de quitter la scène après l'exaltation de la musique et des fans qui hurlent, et de rentrer chez soi pour parler d'affaires de famille, du genre : « est-ce que les dents de devant du gosse poussent bien droit ? » Kim était particulièrement contrariée quand elle pensait que j'étais si enfant. Tu sais, tout le monde a pensé que c'était une bonne blague quand j'ai conduit cette Lincoln Continental de 6 000 livres droit dans la piscine d'un hôtel aux Etats-Unis le jour de mes vingt et un ans. Mais ça n'a pas du tout amusé Kim, oh non ! »*

Ils habitaient une maison ultra-moderne, très étrange, à Chertsey, que Keith avait achetée pour 65 000 livres en

1971 au producteur de cinéma Peter Collinson. Collinson avait acheté le terrain avec la maison précédente dessus pour pouvoir la faire sauter pour un de ses films. Par la suite, il avait construit à son emplacement ce bâtiment incroyable qui avait la forme de cinq pyramides, chacune posée sur des fondations blanc et rose pâle, avec des murs en verre et une cheminée longue et penchée sortant du toit. On accédait à la maison par une porte cochère située sur le côté d'un pub, un étang d'un côté et des arbres de l'autre, si bien qu'on avait l'impression d'entrer dans un champ — mais une fois passé un virage à gauche, on découvrait que la colline formait naturellement un fer à cheval. Mais, même arrivé à cet endroit, on ne voyait toujours pas la maison, et d'un seul coup elle surgissait au milieu d'un hectare de terrain boisé.

Moon a vendu la maison mi-74 et a emménagé dans un appartement à Londres, mais quand il y était encore avec Kim il entretenait sept voitures — dont deux Rolls Royce qui avaient coûté chacune 10 000 livres, plus quatre hydroglisseurs, sans parler d'un albatros empaillé, un tapis en peau d'ours polaire et une peau de tigre. Tout, à l'intérieur de la maison, fonctionnait électroniquement. Des téléviseurs surgissaient du plancher au toucher d'un bouton, des caméras infra-rouges surveillaient les intrus à côté de machines vidéo et d'un équipement d'enregistrement incroyable.

Cette maison dévoilait un autre aspect du caractère de

19. Keith Moon avec Joe Cocker, 1969. *(Photo Dominique Tarlé)* ►

Moon ; il n'a jamais hésité à dépenser de l'argent. *« Je crois qu'il faut une certaine somme d'argent pour vivre »,* m'a-t-il dit *« mais le reste, j'aime bien le dépenser ! »*

Et c'est ce qu'il a toujours fait, que ce soit pour sa maison et ses équipements absurdes — ou une succession sans fin de voitures, ou une cornemuse, ou des instruments de musique étranges, ou encore tout simplement, mener un train de vie à la Moon. Par exemple, les Who se sont vu donner une note de 5 000 dollars US pour quatre jours dans un hôtel de New York — et ils ont dû donner un pourboire de 250 dollars au portier pour pouvoir récupérer leurs bagages.

Mais, malgré son style de vie complètement fou, ce serait une erreur de sous-estimer Moon. Son humour dingue est le résultat d'années d'écoute des Goon (Towhshend lui a offert des bandes inédites des tout premiers sketches des Goon pour son anniversaire) et d'étude de l'humour de Buster Keaton, des Marx Brothers et de Charlie Chaplin, et la plupart de ses farces sont soigneusement préparées. *« J'adore voir rire les gens et j'aime encore mieux quand c'est moi qui les fais rire. Pour moi, la vie c'est ça ! »*

Déjà, son don, car c'en est un, lui a permis de dépasser les Who. Il a joué dans le film de Frank Zappa *200 Motels,* a eu un succès considérable dans le film *That'll be the Day,* et en a récemment tourné la suite, *Stardust,* dans lequel il joue le rôle de J.D. Clover, batteur d'un groupe de rock fictif. Il fait également sa propre émission de comédie et de musique à la radio. Le producteur, John Walters, a commenté : *« Produire Keith Moon, c'est un peu comme si on produisait Dracula. Il faut les prendre tous les*

deux avant le coucher du soleil... On ne travaille pas avec
Moon la nuit. Plus la journée s'avance, et plus il s'éloigne
de la réalité. Quand le soleil se couche, il est l'heure de faire
le fou, et il a déjà le nez dans sa troisième pinte... Il y a eu
des fois, comme la nuit après l'anniversaire de Ronnie
Wood, où on a été obligé de le porter dans le studio et où il
a eu des difficultés à lire son texte», a dit Walters au *New
Musical Express*. «Et puis ça a été la période fiévreuse,
mais j'accepte très bien tout ça. On ne peut pas s'attendre à
ce que quelqu'un qui a été avec les Who pendant toutes ces
années devienne le fonctionnaire sympa que la BBC
attend.»

«A une autre époque, il aurait pu être une vedette de
music-hall. Il a des sourcils à la George Robey, et s'il
voulait monter un numéro correctement, il pourrait soulever
les masses. Moon a un talent d'imitation exceptionnel.»

Kit Lambert a décrit son sens de l'humour comme étant
« énormément sophistiqué». «Il sait très bien que beaucoup
de gens le croient fou, et il souffre certainement de
mégalomanie», a dit Lambert à *Disc and Music Echo*.
«Mais il a suffisamment le sens de l'humour pour le
reconnaître et en rire... Keith joue toujours comme si
chaque concert ou spectacle était le dernier... je ne sais pas
d'où il tire toute cette énergie.» Et Townshend ajoute dans
une interview du *New Musical Express:* «Pour moi, Keith
Moon est né star, est star, et sera toujours star — même
quand il fait la manche sur les quais. Il deviendra une star
plus grande que Bryan Ferry, Mott The Hoople et David
Bowie réunis.»

7

Aussi étrange que cela puisse paraître, le meilleur ami de Keith Moon parmi les Who, et malgré leurs caractères totalement opposés, est le bassiste John Entwistle qui, lui, est tranquille, réservé, conservateur et qui se complaît dans sa banlieue d'origine, Ealing, où il s'est installé. Si vous allez le voir, le seul signe qui puisse différencier sa maison des autres de la rue est la Cadillac noire rutilante garée dans l'allée.

Il est difficile de ne pas l'aimer : il est affable, courtois, bon hôte — et pourtant, son caractère est beaucoup plus complexe qu'on pourrait le croire au premier abord.

Au début du groupe, ils l'appelaient « The Mute » (« Le Muet ») et « The Ox » (« Le Bœuf ») parce que, lorsqu'ils étaient sur scène, les bras et les jambes de Pete Townshend ne cessaient de s'activer alors qu'il mutilait sa guitare ; les bras de Moon frappaient la batterie ; Daltrey se pavanait avec le micro — et Entwistle, immobile et sans expression, jouait de sa guitare basse. De même, quand le groupe était interviewé, Townshend était toujours disponible verbalement, une phrase réfléchie au bout de la langue; Moon balançait les bons mots rapides; Daltrey ramassait les balles perdues et ne laissait jamais passer une occasion pour riposter à qui que ce soit qui ne parlait pas des Who en bien — et Entwistle était là, silencieux, et ne disait jamais un mot.

«J'étais tout simplement trop paresseux pour dire quoi que ce soit» avait-il dit plus tard. *«Il n'est pas vrai que j'étais timide, je n'en prenais pas la peine — surtout que les autres semblaient trouver plaisir à accaparer la conversation.»* Entwistle, le membre le plus âgé du groupe, né en octobre 1944 à Chiswick, est le fils unique de Queenie et Herbert Entwistle. Dès sa plus tendre enfance, ses parents l'ont encouragé à s'intéresser à la musique; à sept ans il apprenait le piano et il a commencé à jouer de la trompette à onze ans avant de se tourner vers le cor anglais, instrument qu'il jouait avec le Middlesex Youth Orchestra quand il était étudiant au County Grammar School (lycée) d'Acton avec Pete Townshend. C'est avec Pete Townshend qu'il a formé son premier groupe, un groupe de jazz Dixieland à l'époque de l'essor du jazz traditionnel des années cinquante. Quand ils ne se produisaient pas avec le groupe, ils faisaient le voyage jusqu'à Londres pour écouter des musiciens comme Ken Colyer. A quinze ans, John a commencé à jouer de la guitare, et quand il a rejoint Daltrey, des « Détours », avec Pete Townshend, il a changé encore une fois d'instrument, choisissant cette fois-ci la basse. Il joue

toujours de tous ces instruments chez lui dans son propre studio où il écrit constamment des chansons, doublant lui-même chaque instrument, y compris la batterie.

Son principal intérêt dans la vie a toujours été la musique, mais, quand il était à l'école, il n'a jamais pensé pouvoir en faire sa carrière. Quand il a quitté le County Grammar School d'Acton, il a commencé à travailler à la perception à Ealing, Acton et Slough. Townshend, qui le connaît maintenant depuis près de vingt ans, a dit de lui dans une interview de *Disc and Music Echo: «John n'a pratiquement pas changé. Il a toujours su où il allait et ce qu'il voulait. La fille avec qui il voulait se marier s'est effectivement mariée avec lui. La seule influence qu'il ait eue de l'extérieur a été Duane Eddy et est toujours Duane Eddy. C'est un rocker, mais il boit peu, en des occasions spéciales ou si c'est quelqu'un d'autre qui offre. Le fait qu'il reçoive moins d'attention que nous l'inquiète peut-être à un certain degré, mais il ne ferait jamais rien pour y remédier. Il est arrivé en ligne droite de nos débuts à maintenant. »*

« Des quatre, c'est John qui me fait le plus peur», a dit Kit Lambert à *Disc and Music Echo. « Pete perd son sang-froid à peu près toutes les demi-heures ; Keith toutes les semaines et Roger tous les trois mois. Mais John ne se met en colère qu'une fois tous les cinq ans, mais quand ça se passe... ses rages me font vraiment peur. Même si on a l'impression sur scène qu'il s'en fiche complètement, il entre tout de même dans l'esprit des choses y compris l'excitation. Il a cassé sa guitare une seule fois. Malgré son calme, c'est un membre très solide du groupe. Sa solidité vient simplement du fait qu'il est lui-même, et il est*

du genre solide et silencieux. Il est un peu comme Popeye ; on ne croit pas qu'il est fort, mais si tu lui portes un coup tu te retrouves avec des bleus aux poings. » Chris Stamp a dit à l'*Observer* : « *Sans lui* (John) *ils voleraient, ils s'envoleraient.* »

S'il en avait eu les moyens, Entwistle aurait probablement reçu une formation classique. Il avait envie de le faire — mais il n'avait pas les moyens de s'acheter une trompette. « *Celle que j'avais appartenait à l'école et j'ai dû la rendre. J'ai failli aller au Collège d'Art — mais je me suis retrouvé dans un bureau de la perception.* » dit-il. Il a quitté son travail seulement en 1965 quand le groupe a eu son premier succès, et est passé professionnel.

Quand il s'est marié, en 1967, exactement comme Townshend l'a dit, il a épousé Alice Wise qu'il avait rencontrée alors qu'ils étaient tous les deux à la même école. « *J'ai toujours pensé qu'on se marierait un jour* », a dit Entwisle au *Daily Express*. « *Je jouais déjà dans un groupe d'amateurs et à notre premier rendez-vous, Alison a porté mon amplificateur.* » Et sa femme a confié : « *Jusqu'à maintenant je suis restée dans l'ombre de la vie de John. Ses fans ne me connaissaient pas. Nous allons parfois au concert ensemble, mais John aime la musique classique et moi la musique de fanfare.* »

Il prend tous les aspects de la musique très au sérieux — son studio personnel est un des mieux équipés qu'il m'ait été donné de voir, rempli d'instruments de musique différents (c'est un adepte de l'achat et de la vente d'instruments

20. John Entwistle, 1967. *(Photo Dominique Tarlé)* ►

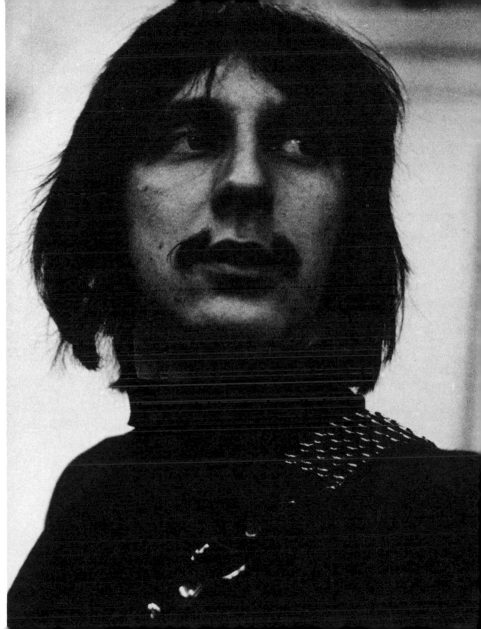

de musique) et il joue toujours de la trompette et du tuba pour les séances d'enregistrement des Who. (C'est un des rares groupes qui n'a pas besoin de faire appel à des musiciens de l'extérieur pour ses enregistrements). *« J'ai toujours eu peur de perdre mes dents de devant »*, m'a-t-il dit une fois. *« Mon professeur avait des fausses dents — et ça, c'est la fin de tout quand tu joues de la trompette. Je suis toujours inquiet, quand j'ai mal aux gencives. »*

Quand le groupe ne travaille pas, ils disparaissent parfois pendant des mois simplement pour recharger leurs batteries. Entwistle passe tout son temps chez lui, à travailler, écrire, répéter avec son groupe Rigor Mortis (qu'il aimerait beaucoup emmener en tournée), faisant habituellement une promenade dans le parc municipal pour promener ses chiens, deux lévriers irlandais, Hamish et Jason, qu'il a achetés pour rassurer sa femme quand il part en tournée.

« Au cours d'une de nos tournées en Amérique, Alison était toute seule à la maison, quand, en entrant dans la cuisine, elle a aperçu une main qui tâtonnait sur la porte de la cuisine... Elle a eu tellement peur qu'elle n'a même pas pu crier... elle n'a pas pu sortir un mot — et l'inconnu a disparu », a dit John. *« Quand je lui ai téléphoné ce soir-là des Etats-Unis, j'ai voulu annuler la tournée et rentrer immédiatement... J'étais tellement inquiet pour elle. Ça a dû être une expérience terrible. Plus tard cette nuit-là, la police a ramassé quelqu'un qui regardait par les fenêtres du voisinage mais il n'a pas voulu admettre qu'il avait fait un tour chez nous et on ne sait toujours pas qui c'était. »*

Les deux chiens mangent chacun un kilo de viande fraîche par jour, et Jason — qui est un peu plus grand que

Hamish — mesure 40 cm d'encolure et 1 mètre de tour de poitrine. « *Mes chemises lui vont parfaitement* », dit Entwistle, qui a fait enregistrer ses chiens au Deer Hounds Club, et les a mis tous les deux en location pour une scène de chasse dans le film *Anne of a Thousand Day*. Leur grand-père a vraiment tué un daim, m'a-t-on dit, et il est certain qu'un cambrioleur qui serait tenté de visiter la maison de Entwistle aurait perdu la raison — les chiens mesurent deux mètres vingt-trois debout, et épingleraient n'importe quel visiteur au mur si John n'en donnait pas le contrordre. John élève également des carpes et des poissons rouges dans un grand étang qu'il a construit lui-même, soigne ses roses et semble beaucoup plus en paix avec lui-même en menant cette vie tranquille que la plupart des musiciens.

« *Il faut se rappeler que Alison et moi sommes passés par tout ça ensemble* », dit-il. « *Quand nous nous sommes rencontrés elle avait quatorze ans, et moi seize et nous sommes ensemble depuis. Elle a vécu tous mes hauts et mes bas avec les Who, et je crois que cela change beaucoup mon approche des choses. Je crois que nous avons bien assumé tout ça. Nous avons pu acheter exactement le genre d'endroit que nous voulions, quoique je pense en ce moment investir dans un hôtel... Nous habitons à quelques minutes de chez ses parents, et son père vient habiter ici quand je ne suis pas là... Nous habitons très près de l'école que fréquentait le groupe. Je n'ai jamais trouvé de raison qui me pousse à déménager.* »

Hormis sa maison, la seule véritable extravagance de John a été ses voitures — surtout qu'il ne conduit pas mais a un assistant chauffeur personnel. La plus coûteuse est une limousine Cadillac 75 construite spécialement pour lui qui lui a coûté 10 000 livres, et qu'il a ramenée des Etats-Unis ; elle est aussi longue qu'une caravane, noire, avec les accessoires en argent et un compartiment indépendant fermé par des rideaux à l'arrière. Les vitres sont teintées et John y a installé deux magnétophones à huit pistes, deux radios, un magnétophone à cassettes, un réfrigérateur, un téléviseur et un bar — ainsi qu'un téléphone intérieur le reliant au chauffeur. *Je n'ai jamais eu à conduire car j'ai un chauffeur depuis l'âge de dix-neuf ans*, dit-il. Il y a aussi une autre voiture pour sa femme — et une troisième pour l'usage personnel de son chauffeur.

Mais toutes ces choses ne sont que des ornements superficiels que peut se permettre une vedette du rock. Sa vie est pourtant extraordinairement normale. *On a pu me voir pousser le landau jusque chez ma mère le dimanche matin*, dit-il. *Nous allons souvent au cinéma du coin — nous préférons aller là plutôt que dans le West End. Nous nous glissons dans les fauteuils et personne ne nous embête. On nous regarde parfois à deux fois — mais les chasseurs d'autographes ne nous ont jamais gênés. Nous pouvons même nous promener au supermarché local pour faire nos courses de la semaine paisiblement, sans que personne ne nous ennuie.*

Mais il ne faut pas sous-estimer musicalement John Entwistle malgré ses extravagances externes et sa simplicité domestique. Même Pete Townshend a reconnu qu'il était le musicien le plus accompli des Who.

Depuis leur second album, où il contribua à deux morceaux, « Boris the Spider » et « Whiskey Man », les textes de Entwistle ont développé une certaine subtilité — et si les Who venaient à se séparer, il serait tout à fait prêt, comme les autres, à faire une nouvelle carrière dans la musique rock. Il a déjà fait deux albums solo — et le dernier s'est vendu à plus de 100 000 exemplaires en trois mois.

Bien qu'il ne soit pas aussi extraverti que les autres membres du groupe, John Entwistle s'est discrètement installé et le moment où il produira un album majeur conçu par lui-même n'est peut-être pas très loin, tout comme Townshend l'a fait par deux fois. Et cela vaudra bien la peine d'attendre car, là où les personnages de Townshend ont été pour la plupart des gens modernes avec des problèmes contemporains, Entwisle est fasciné par le Moyen Age, l'histoire médiévale, et les coutumes guerrières — sa maison est pleine de vieilles armes, de livres sur les armures ; il y a même une armure et des épées — avec une petite touche macabre. Bien que ceci soit une préoccupation qui date déjà de quelques années, ce n'est que tout récemment que cette influence s'est fait sentir dans sa musique.

21. John Entwistle et Roger Daltrey, 1967. *(Photo Christian Rose)* ►

8

Les effets du succès sur les gens du milieu musical sont souvent beaucoup plus intéressants que le succès par lui-même, et ceci est applicable à Roger Daltrey ; de tous les membres des Who, il est la personne qui a le plus changé. Aujourd'hui, il est pour ainsi dire tout à fait différent de ce qu'il était dans les débuts du. groupe en 1964. La transformation a été surprenante. Tous ceux qui voyaient Townshend ou Entwistle fréquemment, comme moi, étaient immédiatement conscients d'un talent en gestation. Ils croissaient presque visiblement. De même, le fringant M. Moon avait toujours été un peu bizarre. Alors ce qui s'est passé depuis n'a pas tellement été un choc. Mais l'histoire de Daltrey est tellement différente.

Il y a dix ans, il était très dur, visiblement plus agressif que les autres, et plutôt facile à offenser — il fallait vraiment faire très attention à la façon de lui parler, du moins c'est l'impression qu'on avait. Quand il a vraiment été question que le groupe soit dissous, il n'y avait aucun doute pour personne qu'il serait le premier à partir. Et pourtant il est resté — et il s'est calmé.

« Roger a été le premier à laisser tomber son ego-trip, a dit Pete Townshend au *Disc and Music Echo. « Il était très difficile à côtoyer — amical une minute, agressif la minute suivante. On lui a plus ou moins dit que s'il ne faisait pas d'efforts ce serait fini. Il a dit « OK, je changerai », et il n'était pas très convaincant. Mais il a vraiment changé. Comme ça! C'était incroyable... nous avons toujours des discussions intenses. Elles sont très près de la violence. Mais nous avons appris à rire de nous-mêmes. Notre numéro est basé essentiellement sur la forme physique. Ça demande beaucoup d'énergie. Même si le groupe se calme, on gardera toujours le volume des voix, au son énorme et excitant. Je ne sais pas combien de temps ça pourra durer. Tout dépend de notre forme physique, et nous buvons tous pas mal et ne sommes pas du tout en forme. »*

Kit Lambert a déclaré au même journal : *« Malgré son nouvel environnement calme, il n'est toujours pas le genre de personne à laquelle j'aimerais me frotter dans un troquet juste avant la fermeture! Je suppose que ce sont ses yeux d'un bleu perçant, qui lui donnent l'air si dur. Il sait et a toujours su prendre ses responsabilités. Je pense qu'il devait certainement faire partie d'une bande dans les premiers temps du groupe... et s'il ne faisait pas partie d'une bande, il aurait vraiment dû! Les autres membres des Who ont souvent dit que quand ils l'ont rencontré pour la première fois il était un Teddy Boy — mais c'était, après tout, son groupe. C'est Daltrey, plus que n'importe quel autre, qui a fondé les Who alors qu'il était encore au County Grammar School d'Acton. »*

Son nom est Roger Harold Daltrey, et il est né à Hammersmith, dans l'ouest de Londres, le 1er mars 1945, fils unique de Harry et Irène Daltrey. Il a deux sœurs, Jill et Carol, et ils ont tous été élevés à Acton, où Roger a fréquenté le Victory Primary School puis, ensuite, le Grammar School (lycée) que fréquentaient Townshend et Entwistle.

A l'époque où les Who racontaient des énormités pour être constamment dans la presse, Daltrey soulevait parfois sa chemise et découvrait une grande cicatrice sur son estomac. *« Quelqu'un m'a planté avec un couteau »*, m'a-t-il dit une fois — mais plus récemment il dit : *« C'est un clou de six centimètres que j'ai avalé quand j'étais gosse »*, (ajoutant que personne ne le croyait). Comme avec les autres Who, il est difficile de faire la différence entre la réalité et la fiction, et sans dire nécessairement que je crois chaque mot qu'ils disent, je ne peux que rappeler ce que Roger Daltrey m'a dit une fois à propos de lui-même pendant sa jeunesse : *« Je me suis fait jeter à la porte de l'école. Quelqu'un s'est fait descendre. ... On arrivait à s'en tirer avec les coups de couteau, mais pas les coups de feu. Non c'était un accident. Quelqu'un a tiré avec une carabine à air comprimé dans la porte, la balle a ricoché et a atteint quelqu'un à l'œil. C'était un de nos copains — c'est pas moi qui l'ai fait. Je me faisais sans arrêt piquer pour les autres. Un de mes copains a pris une hache pour s'expliquer avec quelqu'un sur le terrain vague, je l'en ai empêché, et j'ai eu*

des ennuis à cause de ça. Je me suis fait prendre avec un rasoir sur moi une fois, et il n'était même pas à moi! C'était un quartier très dur, Shepherd's Bush. Des gosses de seize ans se baladaient avec des mitraillettes dans des caisses à violons... Je ne volais pas pourtant. Même pas à Woolworth (genre de Prisunic) — *et tout le monde le fait. Je ne volerais pas pour moins de 2000 livres. Ça ne vaut pas le coup. Disons que je n'aimerais pas aller en prison pour moins de 2000 livres. Je ferais quelque chose comme le vol du Train Postal — je suis tombé pour... bon, on ne va pas entrer là-dedans.* »

Il a ensuite déclaré (et c'était en 1967) que ses plus proches amis portaient des noms comme George the Weld (George la Soudure), Jamo the Rub (Jamo la Friction), Nobby the Fibreglass Kid (Nobby le môme Fibre de Verre) et Pete the Gun (Pete le Flingue)... tous mécaniciens inoffensifs qui passent leur temps à réparer sa voiture et celles d'autres gens.

J'ai toujours suspecté que les histoires sur sa jeunesse violente ont été plus ou moins exagérées. Au cours des années soixante, berner la presse était un des sports favoris du milieu de la Pop Music : deux vedettes très connues m'ont décrit graphiquement leur nouvelle maison... et j'ai découvert par la suite que l'un d'entre eux était sans un sou et vivait dans une chambre, tandis que l'autre décrivait une résidence de maître qui ne lui appartenait pas (ce qui a occasionné des ennuis avec le véritable propriétaire). Il en

◄ 22. Roger Daltrey, 1967. *(Photo Dominique Tarlé)*

était ainsi avec les Who. Pete Townshend a confié récemment dans une interview avec l'*Observer: «Kit nous réunissait avant les interviews pour nous mettre au courant de ce qu'il fallait dire, parfois il fallait être aussi désagréables, arrogants et insupportables avec les reporters que possible. Et, oh ces mensonges invraisemblables que nous avons racontés! Je me souviens avoir dit à Jonathan Aitken: «J'ai quatre voitures, une Lincoln Continental, une Jag XK 150, une Cortina GT et un taxi londonien»* — *et tout ce que je possédais était un vieux tacot. J'ai également raconté à quelqu'un d'autre que je dépensais entre 40 et 50 livres par semaine en vêtements, alors que j'ai dû emprunter de l'argent pour aller à Carnaby Street m'acheter une veste afin de pouvoir poser pour une photo.»*

Et c'est dans ce contexte qu'il faut interpréter avec précaution ce que Daltrey dit de lui-même. Néanmoins, il est vrai que Daltrey s'est fait renvoyer de l'école, d'après certains pour avoir été associé avec un incident violent, et d'après d'autres parce qu'il a été pris en train de fumer derrière les toilettes! Ce qui est certain, c'est qu'il a été élevé dans un quartier pauvre et peu attrayant de Londres et que c'est un enfant de la ville.

«Il fallait être un dur, là où j'habitais», a-t-il dit à *Melody Maker. «Si on t'invitait dehors pour une bagarre, il fallait y aller, et il fallait que ce soit une bonne bagarre. Et je suis parti de là pour devenir un type très pacifique; ce que je veux dire c'est que me battre est vraiment la dernière chose que j'aie envie de faire car personne ne gagne...»*

Quand les Who ont eu leur premier succès, en 1965, Roger était déjà marié secrètement depuis un an — mariage si secret que le public en a entendu parler pour la première fois quand sa femme, Jacqueline, l'a poursuivi en divorce au début de l'année 1968. Il a également admis récemment, au cours d'une interview avec l'*Observer* sur le profil du groupe, qu'au début de leur succès il a dû faire un choix entre passer plus de temps avec sa femme ou faire carrière avec le groupe. *« Je savais »*, a-t-il dit, *« que si je ne la quittais pas dans les débuts, je resterais soudeur pour le restant de ma vie. »*

Et c'est ce qu'il a fait. Il a mis son mariage derrière lui, tout comme il a refusé de travailler comme soudeur dans une usine d'Acton à fabriquer des armoires métalliques pour des instruments scientifiques.

Au fil des années, sa personnalité féroce et agressive a changé. Townshend dit maintenant que Roger a changé plus que n'importe lequel d'entre eux, et en beaucoup mieux. *« Roger était un individu très, très dur quand j'ai rejoint le groupe »*, a-t-il déclaré à *Disc and Music Echo*. *« Il ne supportait pas les tergiversations et si tu ne te rangeais pas de son côté, tu prenais son poing dans la figure. Pourtant, maintenant nous le surnommons « Peaceful Perce » (« Perce le Pacifique »). On ne peut pas se mettre en colère contre lui, il ne lui reste plus de colère. Il n'écrit pas parce qu'il n'a pas de problèmes, et je pense que pour pouvoir écrire il faut avoir des problèmes pour avoir des idées. Mais Roger vit pour sa voiture, et sa maison à la campagne. Je ne comprends pas tout à fait pourquoi il a entrepris ce changement... »*

Très récemment, Daltrey a changé encore plus — et il semble que ce processus ait commencé en 1968 quand il a rencontré sa seconde femme, Heather, ex-mannequin et très belle. Ils ont rapidement quitté Londres, emménageant d'abord dans un cottage vieux de 400 ans dans le Berkshire, que Roger a presque entièrement retapé lui-même, le travail manuel était un moyen pour lui de se détendre. Il y a joint une pièce, des portes et des fenêtres, a réparé les fondations et la toiture... et y a ajouté un certain cachet en y mettant une vieille porte qu'il a demandée au collège d'Eaton. Il collectionne des tableaux et des bibelots qu'il achète pour quelques francs aux ventes de charité et aux ventes aux enchères.

«J'ai dû vendre ma voiture pour obtenir la caution de cette maison», a-t-il révélé beaucoup plus tard, à une époque où il avait déjà emménagé dans sa maison actuelle, Homestead Manor à Burwash dans le Sussex. C'est un manoir jacobéen, construit en 1610 par un des maîtres-ferronniers du Sussex ; il comporte six chambres, un hectare et demi de terrain, une piscine, deux lacs, un cottage et des écuries. La propriété avait été mise en vente pour 39 000 livres, et c'était avant la hausse de prix des propriétés immobilières. Et avant que Daltrey, le bricoleur enthousiaste, se soit mis au travail pour restaurer amoureusement sa demeure où il habite maintenant avec sa seconde femme, Heather, leur fille Rosie Lea, et le fils de son premier mariage, Simon.

Il a aménagé une des granges en studio d'enregistrement moderne où Adam Faith et Leo Sayer ont travaillé ainsi que Daltrey, a peuplé les deux lacs de truites puis a créé lui-même un autre lac, faisant venir un bulldozer pour ériger un barrage, si bien qu'il mesure maintenant cent mètres de long sur cinq de large. *« Je crois que le repeuplement de ces lacs en truites est la chose la plus satisfaisante que j'aie jamais faite »,* m'a-t-il dit ; *« depuis que je l'ai repeuplé j'ai pu pêcher mes propres truites quand nous avions envie d'en manger... oui, bien sûr je les mange... Ce n'est pas la peine d'avoir des truites si ce n'est pas pour les manger. »*

Il possède également un petit troupeau de bétail pur sang, ce qui lui permet de stocker dans son congélateur la viande, et il fait la plupart des travaux de la ferme lui-même. *« Je suis heureux en m'occupant d'un jardin »,* m'a-t-il dit. *« Je ne voudrais plus jamais vivre à Londres. Maintenant, je préférerais vivre dans une tente plutôt que d'y retourner... Si je n'étais pas musicien, je crois que je serais plus heureux à travailler comme agriculteur pour vingt à trente livres par semaine qu'à gagner deux ou trois fois plus en usine... Je ne pourrais habiter ailleurs qu'à la campagne maintenant. Je m'étais toujours dit que si j'arrivais à me faire de l'argent, c'est comme ça que je vivrais — et c'est ce que j'ai fait. »*

Le plus remarquable est la manière dont il a restauré les éléments d'époque de sa maison, passant des jours et des jours à retirer les couches de vieille peinture des boiseries, décapant les parquets, faisant la peinture et grimpant sur des échelles pour remplacer les tuiles du toit. Il a soigneusement choisi les meubles, les assortissant au caractère de la maison. «*Je n'avais pas les moyens d'acheter cette maison*», a-t-il avoué à *Petticoat*. «*Je ne faisais que regarder les maisons car j'adore les vieilles constructions, mais quand j'ai vu celle-ci, je savais qu'il fallait absolument que je l'habite... Je ne l'ai pas achetée en tant que signe extérieur de richesse, vraiment pas, je ne marche pas dans ces histoires de pop star avec une grande maison. Je l'ai achetée parce que j'en avais besoin, et qu'elle avait besoin de moi. Ça semble bête, mais c'est comme ça que ça s'est passé... Sur le plan richesse et possessions, je ne m'en inquiète absolument pas. Qu'est-ce que ça change de ne pas avoir d'argent? Une chose que j'ai apprise, c'est que plus tu en as et plus il y a de problèmes. Ça ne vaut pas la peine de se faire de souci à propos de la vieillesse non plus; plus on s'inquiète, plus on devient vieux. La vieillesse, c'est dans la tête de toute façon!*»

Ce qu'il y a de plus étonnant peut-être dans le succès de Daltrey, c'est que tout en trouvant une paix intérieure (et on s'en aperçoit tout à fait en lui parlant), il s'est vraiment amélioré en tant qu'artiste et que chanteur. Cela s'est passé pendant la mise au point de *Tommy,* en quoi il a cru depuis le début, et aussi dans son travail personnel en dehors des Who — surtout son album solo *Daltrey,* dans lequel il interprète des chansons de Leo Sayer et Dave Courtney, avec Courtney et Adam Faith comme coproducteurs. L'al-

23. Roger Daltrey à la fête de l'humanité, 1972. *(Photo Dister)* ►

bum a été entièrement mis au point dans son studio personnel de Burwash.

Aussi étrange que cela puisse paraître, Adam Faith et Roger Daltrey ont tous deux été élevés à Acton, mais ils se sont rencontrés pour la première fois quand Faith l'a contacté pour lui demander s'il pouvait utiliser le studio d'enregistrement de Daltrey pour travailler avec Sayer. « *C'était comme si je rencontrais mon propre frère* », m'a dit Daltrey. « *Nous avons beaucoup en commun dans notre manière de penser et dans nos goûts pour les disques et la musique... J'ai beaucoup aimé ses idées, et comme on s'entendait si bien, je lui ai dit que je voulais faire mon propre disque, et que ce serait super s'il le produisait. J'ai toujours pensé qu'il était important d'avoir un producteur. Tous les artistes solo ont besoin d'un producteur — autrement on ne s'en sort pas. Il était terrifié au début, surtout parce qu'il ne faisait plus partie du milieu musical depuis si longtemps. Nous avions des opinions différentes mais en tant qu'équipe nous avons très bien marché. L'album n'aurait pas été ce qu'il est sans lui.* » Ces sessions ont produit le morceau « Giving It All Away », son premier 45 tours solo qui fut un succès, suivi de « I'm Free » qui a été tiré de l'album *Tommy* de Lou Reizner. Ces deux disques ont révélé la puissance de la voix de Daltrey seul, qui pouvait s'élever au-dessus d'un arrangement orchestral. « *Je pense que « Giving it all away » est peut-être ce que j'ai fait de mieux* », m'a-t-il dit. « *Mais j'ai toujours aimé « I'm Free » car ça fait partie de la séquence de* Tommy *où le jeune aveugle, sourd et muet recommence à entendre et parler... C'est un des morceaux principaux de l'album, et il est très émotionnel à cause de la situation qu'il décrit. En fait, je ne chante pas vraiment ce morceau. C'est plutôt récité.* »

Sa voix a une qualité quasiment classique sur ces deux morceaux — et pourtant elle a toujours cette rugosité caractéristique. Je lui ai demandé s'il avait travaillé sa voix, et il a ri, incrédule. « *Qui ? moi !* » a-t-il répondu.

9

Ce fut *Tommy* ou plus particulièrement les nouveaux contrats ayant suivi son succès, qui ont fait la fortune de Keith Moon, Pete Townshend, John Entwistle et Roger Daltrey. Ils étaient les derniers survivants de la vague de groupes rock qui a déferlé sur le monde cinq ans avant la sortie de leur opéra rock en double album.

Un par un, les groupes qui ont eu un impact sur les hit-parades du monde entier et ont fait connaître le rock britannique aux quatre coins du monde ont disparu — les uns en se scindant, et d'autres en entrant en hibernation — ce qui était à la mode à cette époque-là.

Il semble que les Who aient été particulièrement actifs à cette époque et aient continué à faire des tournées chez nous et à l'étranger, et il nous est laissé à penser que même s'ils avaient voulu prendre des vacances, c'était hors de question. Ils avaient trop de dettes. Au cours d'une de mes interviews avec Daltrey, il m'a dit (j'ai pensé à l'époque que c'était avec désespoir) qu'en tout, leurs dettes s'élevaient à environ 100 000 livres. Plus récemment, dans la revue de leur carrière, l'*Observer,* il a déclaré : « *Quand nous avons eu notre premier succès, « I Can't Explain », nous avons commencé à gagner ce qui était à l'époque une bonne somme, disons 300 livres par soirée. Mais après la première année nous avions 60 000 livres de dettes. L'année suivante après nous être crevé le cul au travail, nous avions toujours un découvert de 40 000 livres. Le coup le plus dur a eu lieu l'année suivante quand nous avons découvert que nous étions remontés à 60 000 livres. Chaque réunion avec notre comptable était ridicule. Nous devions tellement d'argent que nous nous écroulions de rire dans le bureau.* » Et John Entwistle raconte : « *Au cours de notre première tournée aux Etats-Unis en 1967, nous passions avec Herman's Hermits. Nous avons fait trente concerts et gagné 40 000 dollars... et avons dû en emprunter 100 pour pouvoir rentrer. C'était navrant.* » Il a ajouté que pendant leur deuxième tournée, ils se sont fait voler 5 000 dollars dans une chambre. Leur plus grand concert de la tournée a été annulé à cause de l'assassinat de Martin Luther King, si bien qu'après dix jours aux Etats-Unis ils sont chacun rentrés avec seulement 300 livres. « *Il y avait tous ces bruits qui couraient sur tous ces dollars que gagnaient les groupes anglais. En vérité, les Américains nous ont sucés à sec. Je me souviens même d'un concert où le type nous a fait payer une amende pour avoir joué trop longtemps.* »

Daltrey a cité les mêmes chiffres en parlant avec le *New Musical Express :* « *Ça se passait juste avant de sortir*

« *I Can't Explain* ». (L'époque où le groupe avait le plus de problèmes financiers). *Si nous avions baissé à ce moment-là, nous aurions dû faire face à 60 000 livres de dettes. Nous touchions cinquante sacs la soirée, et Pete cassait des guitares qui valaient 200 livres et des amplis qui en valaient deux fois plus, tous les soirs! Personne n'avait de voiture, et un de nos managers a dû se trouver un boulot dans un film pour nous aider à payer nos factures. Ça nous a pris trois ans pour payer nos dettes. Remarque que notre niveau de vie s'est élevé. Au début je vivais dans le camion de déménagement que nous utilisions pour nos concerts. Un camion de déménagement! Même à cette époque-là nous voyions grand.* »

Quand on lui a demandé si l'envergure de leurs dettes l'inquiétait, Daltrey a dit : « *Non, pas vraiment. J'ai toujours pensé qu'on y arriverait. Je m'inquiète maintenant, en y repensant, quand je songe aux ennuis qu'on aurait pu avoir. Toujours est-il qu'à l'époque nous avions confiance. C'est marrant, avec les Who: nous sommes tous tellement différents, mais quand tout commence à mal aller on se soutient mutuellement. C'est comme être marié avec trois personnes.* »

Mais ces détails ont été révélés beaucoup plus tard. En véritables pros, les Who se sont assuré à l'époque que très peu de gens soient au courant de leurs problèmes. Il fallait continuer à travailler, et c'est ce qu'ils ont fait. Même la vogue du « Flower Power » de San Francisco et du LSD ne les a pas retenus — malgré le fait qu'elle ait mis pas mal de groupes hors circuit. « *Beaucoup de musiciens pop ont pris de l'acide et tous se sont ramollis et ont perdu beaucoup de leur énergie»,* a dit Townshend au *Melody Maker,* en insinuant clairement que les Who, eux, ne l'avaient pas perdue. *«Et de toute façon, tout ce truc sur l'Amour est basé sur l'agression et la possession. C'est l'avidité et l'incarnation des pires caractéristiques chez les gens. L'Amour ce n'est pas tout simplement «Pardonne à ton voisin et sois gentil avec tout le monde». N'importe qui peut faire ça.»*

Ce qui est extraordinaire, c'est que même pendant la période où les membres des Rolling Stones avaient des ennuis avec la justice à propos de drogue, et où les Beatles et les Stones enregistraient leurs 45 tours « Love », quand des centaines d'autres groupes s'habillaient de perles, de clochettes et de caftans — avec souvent des résultats hilarants — les Who faisaient partie des groupes établis qui n'ont pas fait de compromis. La mode de cette époque n'était pas pour eux. *«Je ne supporte pas ces pop stars qui vivent dans la saleté»,* a dit Daltrey à *Disc and Music Echo. «Certains d'entre eux ont dû se faire un paquet avec leurs succès — et pourtant ils vivent pour ainsi dire dans la pauvreté. Ça me dépasse.»*

Et pourtant, quand l'affaire Jagger-Richard est arrivée à son point culminant tragi-comique, ce sont les Who — bien avant la presse, rédacteur en chef du *Times* et autres — qui ont pris la défense des deux Stones, faisant paraître une annonce le soir même dans l'*Evening Standard,* et enregistrant leur version de deux morceaux des Stones, « The Last

24. Les Who au Rolling Stones Circus, 1968. *(Photo Dominique Tarlé)* ▶

Time» et « Under My Thumb» pour ne pas laisser mourir leur musique (mais, en fait, les Stones ont été rapidement relâchés) et, pour rassembler des fonds afin d'organiser leur défense. (Entwistle n'avait pas pu être contacté pour participer aux sessions ; il était au milieu de l'Atlantique en lune de miel).

Les Who, dans un sens pratique, se sont associés aux Stones dans ce qui semblait être, à l'époque, un conflit jeunesse-vieillesse. La nouvelle culture contre l'ancienne. Et cependant ils sont clairement restés des leaders et n'ont pas suivi de mode. C'est une position qu'ils ont établie en 1965 avec « My Generation», et ils n'ont jamais dévié de leur style d'origine — ce qui est un des aspects les plus importants de leur carrière. Surtout quand on considère leur passé financier qui aurait pu être désastreux sans leur intuition.

Aux Etats-Unis, ils ont trouvé un public plus sophistiqué, plus large, grâce à leur participation au festival de Monterey où 200 000 fans les attendaient — public plus âgé et plus judicieux que les jeunes filles de treize ans qui constituaient leur public en Angleterre. Leur évolution fut étrange. Aux Etats-Unis ils étaient considérés comme un groupe progressiste partageant l'affiche avec les Mamas and Papas, Otis Redding, Country Joe and The Fish, Moby Grape et le Grateful Dead. *« Le public américain est vraiment trop »*, a dit Townshend au *Melody Maker* quand il fut de retour à Londres. *« Tout simplement invraisemblable. Les vibrations que tu ressens sont incroyables. Ils veulent écouter. Ils veulent écouter ce que tu joues. Ils s'intéressent vraiment à ce que tu joues. Au Fillmore, je voulais faire une annonce mais je ne savais pas quoi dire et je n'ai fait que bafouiller. D'un seul coup, tout le monde s'est mis à applaudir. Ils ont compris ce qui se passait et je n'avais vraiment besoin de rien dire de toute façon, parce que c'est là, dans la musique... Et Haight-Ashbury, le quartier hippie de San Francisco, c'est super. C'est dans les collines de San Francisco et il y a beaucoup de vent. Les nuages se baladent dans la rue, tellement c'est haut. Et les vibrations des gens de Haight-Ashbury sont vraiment trop. Super. Très aimables, très charmants... Ce n'est pas simplement à San Francisco ou à Monterey que c'est comme ça. Je veux dire que ces endroits-là sont évidents à cause du mouvement « Love », mais les jeunes que j'ai rencontrés partout étaient simplement fantastiques. Il n'y en a aucun qui veut se battre. Je veux dire que la minorité des bagarreurs sont vraiment une telle minorité par rapport à la population des États-Unis... Je crois que ce que j'ai appris de plus important à Monterey — et en fait aux États-Unis —, c'est que le milieu musical anglais manque d'audace. Il doit y avoir du talent en Angleterre! Tellement de talent, mais tellement peu de gens qui se donnent du mal. J'ai bien peur qu'il ne faille des choses plus excitantes en Angleterre. »*

Le contraste a dû être vif... car les Who se sont fait acclamer par un nouveau public rock de connaisseurs, et ils sont rentrés en Angleterre pour refaire une tournée pop, cette fois-ci avec The Herd, The Tremoloes et un nouveau groupe, Traffic. Un public nouveau les avait trouvés, mais temporairement ils ont perdu leur public chez eux. Après leur succès — « I Can See For Miles » — les Who n'ont pas eu de hit du tout en Angleterre pendant dix-huit mois... Même quand ils ont sorti *Tommy*, c'est aux États-Unis qu'il a été

reconnu que c'était une œuvre majeure de musique rock et que le double album est arrivé n° 1 au hit-parade des 33 tours, grimpant presque immédiatement à deux millions de dollars US de ventes (à ce jour, environ huit millions d'exemplaires ont été vendus — peut-être davantage, vu qu'il est difficile et long de totaliser les ventes mondiales.)

Townshend avait travaillé plus ou moins sur le projet pendant deux ans, et pendant ce temps-là, il avait eu plusieurs idées différentes d'opéras rock, y compris celle qui se passait dans les années 2 000 quand les femmes pouvaient se servir d'une machine pour choisir le sexe de leur enfant, idée de laquelle a été tiré « I'm A Boy » ; il y en avait eu d'autres qui ont été résumées par « A Quick One While He's Away » et « Happy Jack ».

Mais quand il a commencé à exploiter les idées pour *Tommy,* il en a discuté avec les autres membres du groupe en détail, généralement dans des chambres d'hôtel et en voyageant entre deux concerts pendant une de leurs tournées aux Etats-Unis. Ils se sont mis d'accord pour le laisser travailler seul sur le projet dès leur retour à Londres. *« Ils ont tous été très dévoués »,* a dit Townshend. Et en 1968, ils ont passé huit mois, plus ou moins, dans les studios pour enregistrer le travail. Pete Townshend voulait d'abord appeler le double album *The Deaf, Dumb and Blind Boy* (« Le jeune sourd, muet et aveugle »). L'état d'esprit différent de chaque côté de l'Atlantique s'est vraiment fait sentir quand

---

◄ 25. Pete Townshend au Rolling Stones Circus, 1968. *(Photo Dominique Tarlé)*

la nouvelle du projet a été annoncée en Angleterre et que Pete Townshend a dû se défendre contre des accusations de mauvais goût.

« Je ne pensais vraiment pas que l'album était d'un goût douteux », a-t-il dit à *Disc and Music Echo. « En fait, je voulais. démontrer que quelqu'un qui souffre terriblement entre les mains de la société a la possibilité de transformer toutes ses expériences en sensibilité musicale intense. Le mauvais goût se trouve dans l'esprit de l'auditeur et je me fiche royalement de ce que les gens pensent. Je suis très satisfait de cet album. Ce fut le premier véritable projet du groupe auquel tous les membres du groupe ont participé, et je pense que c'est l'expérience la plus importante que j'aie jamais faite sur le plan de la communication. Bien sûr, le jeune garçon se fait violer et souffre, mais nous montrons qu'au lieu d'être dégoûté, et déprimé, il a la possibilité de se tourner vers toutes ces expériences pour son bien. »*

Ce fut quelque chose qu'aucun groupe ne s'était aventuré à faire jusqu'à présent, la création d'une série de personnages fictifs, chacun défini par une série de morceaux rock, chacun essentiel dans l'histoire de Tommy. Il est né sain et vigoureux, et jouissant d'une enfance normale — jusqu'au jour où il rentre chez lui pour trouver sa mère couchée avec un homme. Puis son père entre dans la pièce et tue l'amant — suite d'événements dont est témoin Tommy par le truchement d'un miroir placé dans l'entrée. Sa mère, comme une folle, lui dit de ne jamais parler de ce qu'il a vu ou entendu — et Tommy, en état de choc, devient sourd, muet et aveugle.

Il ne reste à Tommy que les sens du toucher et de

l'odorat, et, grâce à ces sens il développe le pouvoir de ressentir les vibrations les plus subtiles. Dans cet état primitif, sa famille abuse de lui ; on lui fait prendre du LSD et il se fait même violer par son oncle vicieux, Ernie. Cependant, Tommy, malgré tous ces traumatismes, devient un héros grâce à une des seules choses qu'il peut encore faire malgré ses sens limités. Il parvient à ressentir les vibrations d'une balle qui ricoche autour des obstacles d'un flipper, et concentre tout son être à maîtriser cette technique jusqu'à devenir un sorcier *(Wizard)*, un héros national. Peu à peu, il retrouve la vue — avec l'aide d'un docteur — mais pendant ce temps son oncle essaie de se faire de l'argent grâce à son succès en ouvrant un camp de vacances où ses adeptes peuvent l'adorer en action, s'identifiant à leur héros en se bandant les yeux, se fermant la bouche avec des bouchons et les oreilles avec du coton hydrophile. C'est alors qu'il retrouve l'ouïe quand sa mère brise le miroir du hall ; il redevient pareil aux autres et retrouve sa solitude.

Cet album fut au départ un succès personnel de Townshend, mais le groupe en entier y a participé. A l'époque, et même récemment, Daltrey et Entwistle m'avaient avoué être très fiers de leur travail — et Townshend lui-même n'a jamais hésité à faire part de l'altruisme des autres membres du groupe qui se sont volontairement tenus à l'arrière-plan afin de le laisser faire aboutir le projet.

Daltrey, en particulier, a ressenti la profondeur et l'à-propos de l'histoire et de la musique, ce que les critiques n'ont pas vu immédiatement. *« C'est l'histoire d'un gosse sourd, muet et aveugle et de ses réactions face aux choses que les gens ordinaires jugent mal »*, a-t-il dit à *Disc and Music*

Echo, avant que le double album soit sorti ; et même avant que le titre *Tommy* ait été choisi. « *Par exemple, dans un des morceaux, il est séduit par son oncle. Et alors que nous dirions: « Quel vieux salaud», pour le gosse ce n'est qu'une nouvelle expérience. On n'essaie pas de faire passer un message, mais je suppose qu'on pourrait dire que nous montrons que rien ne peut être totalement mauvais. Il y a du bon quelque part dans tout.* »

« *Je voulais pouvoir apprécier les choses à travers les yeux de quelqu'un ou quelque chose qui ne soit pas conditionné par le biais des sens*», a dit Townshend au *New Musical Express.* « *J'ai pensé essayer de voir les choses à travers les yeux d'animaux, d'adolescents, et finalement du jeune garçon sourd, muet et aveugle. Le garçon reçoit tout sous forme de vibrations musicales. Ça veut dire que s'il reçoit un coup — il ne ressent pas de douleur — il ressent quelque chose comme un accord en sol... En un sens je me moque de moi-même, car l'album reflète des idées et des attitudes qui sont essentielles pour moi et en les exposant devant les Who qui les ont détruites. Ça aide à remettre les choses en place, parfois, quand tu arrives à rire de quelque chose qui te tient particulièrement à cœur. D'une certaine façon cet album est un moyen d'accéder à la divinité car je n'ai aucune confiance dans le progrès, et la science ne révèle que deux autres choses à révéler.* »

Il a également déclaré à *Disc and Music Echo :* « *Tommy représente une tentative pour lier d'une façon musicale quatre faces d'un double album. C'est un progrès, mais pas une révolution.*

Certains morceaux sont longs, d'autres courts, ce qui

26. Roger Daltrey, 1976. *(Photo Christian Rose)*

nous a laissé une liberté d'expression instrumentale, et permis de donner à penser aux marginaux. A en juger par les doubles albums que j'ai écoutés auparavant, ceux des Beatles notamment — tous les morceaux ont sensiblement la même longueur et on a tendance à se désintéresser. J'ai basé le disque. Tommy sur une idée de mise en scène d'opéra. Je voulais exprimer des émotions d'enfant, car ce sont les expériences les plus intenses. J'ai également tenté de donner une signification sociale aux années soixante, une signification politique et spirituelle. Je voulais que l'album raconte la vie d'un garçon depuis sa naissance, et j'ai essayé de traduire ses émotions musicalement. Par exemple, quand il subit une expérience traumatisante, j'espère que nous avons réussi à la traduire en musique. »

En 1969 et 1970, les Who ont fait un nombre de tournées considérable, parcourant l'Europe et les Etats-Unis — présentant *Tommy* comme partie principale de leur spectacle. Townshend s'est vu inclure dans le Who's Who, comme compositeur du premier opéra rock. Le groupe a joué pour la famille royale hollandaise à Amsterdam ; il a été reçu par le président allemand. Il a été félicité par des musiciens classiques, Léonard Bernstein notamment, et a joué dans les salles d'opéra les plus renommées du monde. La vente des disques a été phénoménale — la version originale de *Tommy* a rapporté au minimum onze millions de dollars U.S. (et très probablement beaucoup plus).

Un des morceaux de l'album, « Pinball Wizard », a permis aux Who de retrouver le hit-parade en Angleterre, et leur a donné une sécurité financière jamais acquise auparavant — maisons, voitures et jouets coûteux. Mais il a également fait naître une angoisse inévitable — comment continuer après un tel succès ? « *L'opéra a failli être notre élévation et notre chute*» a dit John Entwistle à l'*Observer*. « *Tout le monde voulait l'entendre tout le temps. Nous l'avons joué sans faillir pendant deux ans et on le transformait en cliché. Il faut se souvenir également qu'avant qu'il ait été entendu par tout le monde, nous l'avions travaillé dans les studios pendant huit mois. L'histoire nous a donné beaucoup de mal, et en fait, au début, elle ne tenait pas debout. C'est seulement parce que Pete a été sans cesse obligé de rajouter des morceaux que c'est devenu un double album. Quand il est sorti, j'en avais ras-le-bol de* Tommy. *Je n'ai écouté le disque qu'une vingtaine de fois chez moi, et pas jusqu'au bout. Maintenant, sur scène, on fait une sélection et c'est tout.* »

A la fin de cette période de deux années de travail intense, Townshend a déclaré au *New Musical Express:* « *A mon avis, les cinq dernières années d'activité au niveau de la direction ont aidé à faire du groupe ce qu'il est... Mais là il y a un problème. Le grave danger pour les groupes dans notre position est d'en arriver à se séparer; en effet, quand un groupe sent que tout est fait et qu'il n'y a plus rien de mieux à faire, il tend à la facilité, ce qui équivaut à dire que chacun peut faire son propre truc. Mais on sait à force d'avoir vu les autres groupes que tout ça, c'est de la merde...* »

27. Les Who au Rolling Stones Circus. En compagnie des Rolling Stones ► et de Marianne Faithfull, 1968. *(Photo Dominique Tarlé)*

10

Une fois en sécurité financière, ce que Townshend a toujours recherché sans aucun scrupule, les Who se mirent à faire ce qu'ils n'avaient jamais pu se permettre auparavant : prendre des vacances. Ils apparurent moins souvent en concert, et il n'était pas rare que plusieurs mois s'écoulent sans qu'aucun des quatre ne se rencontre — bien qu'Entwistle prétende qu'ils restaient en contact téléphonique.

Tommy avait renforcé leur cote internationale, et ils eurent des moments de triomphe aux Etats-Unis, comme à Woodstock. Mais alors que leurs tournées américaines devenaient enfin des événements majeurs, à la fois financièrement et au niveau de l'importance de leur audience, inévitablement ils se montrèrent moins fréquemment. De ce fait, les Who ont pu passer plus de temps chez eux en Angleterre, chacun poursuivant ses propres intérêts.

Townshend n'a jamais cessé d'écrire et d'enregistrer chez lui, dans son studio — quoique certains de ses projets, y compris *Lighthouse* (« Le Phare »), qui devait être initialement leur prochain album, n'aient jamais vu le jour. De la même manière, Entwistle commença à sortir ses propres productions en solo avec des musiciens autres que les Who, et cela en 1971, 1972 et 1973 (bien que le premier n'ait été qu'une simple compilation de titres qu'il avait écrits auparavant pour le groupe, parmi ceux-ci, « Cousin Kevin » et « Fiddle About », deux des chansons qu'il avait faites pour *Tommy*). Moon apparut dans le film de Zappa *200 Motels* et plus tard dans les deux films de David Essex, *That'll be the day* et *Stardust*. A cette époque-là, Daltrey passait le plus clair de son temps à la campagne, parfois jusqu'à six mois dans sa propriété du Sussex sans même se rendre à Londres. Et d'ailleurs il se plaignait amèrement à chaque fois qu'il y allait de l'état désastreux de l'environnement urbain. Leur emploi du temps était devenu beaucoup plus tranquille, quoique soigneusement préparé à l'avance. Dix-huit mois s'écoulèrent avant qu'ils ne fassent une tournée anglaise en octobre 1971, et il fallut encore attendre deux ans leur série suivante de concerts en Angleterre.

Musicalement, leur production était assez irrégulière — Townshend sortant ses albums solo ; Daltrey produisant enfin son propre album (utilisant encore des musiciens autres que les Who) et Entwistle réalisant de son côté deux 33 tours originaux. En 1970, Track a sorti trois 45 tours tirés de *Tommy* sans avoir aucun impact sur les hit-parades. Les Who commencèrent alors à espacer leurs productions d'une manière toute nouvelle. Plus de quinze mois s'écoulèrent entre « The Seeker » (un bide) et « Won't Get Fooled Again », et encore six autres mois avant « Let's See Action ».

En deux ans, ils n'ont sorti que deux albums en tant que groupe — l'excellent album enregistré en direct *Lives at Leeds,* qui comprenait des chansons d'Eddie Cochran, de Mose Allison et de Johnny Kidd, mais aucune nouveauté de leur part, et *Who's next,* qui ne semblait pas satisfaire le groupe alors que c'est un album que je réécoute avec plaisir.

Ils ont tous partagé l'angoisse de ne pas pouvoir retrouver le succès de *Tommy,* car ils étaient conscients que tous leurs futurs albums devraient être tout à fait différents. C'est pendant cette période de doute qu'il ont reçu l'encouragement dont ils avaient besoin et ce fut Lou Reizner qui décida de produire une autre version de *Tommy* avec des artistes différents et l'Orchestre symphonique de Londres. Je pense personnellement, et ils ne seraient peut-être pas d'accord avec mon interprétation, que c'est ce qui a donné à Townshend une injection vitale de confiance après avoir déjà rejeté plusieurs projets, y compris *Lifehouse* sur lequel il avait travaillé pendant trois mois. Encore plus important, une fois l'album terminé, Reizner a présenté *Tommy* en spectacle au Rainbow Theatre à Londres, en décembre 1972.

En fait, mais ça ne se savait pas à l'époque, Reizner avait essayé pendant deux ans de sortir sa propre version de *Tommy,* mais avait des difficultés à organiser le financement. De même, Ken Russell aurait bien aimé faire une version filmée de *Tommy* (d'ailleurs, Townshend aurait été emballé qu'il en fût ainsi) mais il a dû, lui aussi, remettre ses projets pendant deux ans à cause de ses autres engagements.

A présent, Reizner pouvait se permettre de dépenser 60 000 livres et huit mois de studio, prenant Will Malone et Big Jim Sullivan pour les arrangements, et allant chercher dans le monde du show-business les chanteurs les plus cotés pour tenir les différentes voix. Les rôles se distribuaient ainsi : Sandy Denny comme infirmière ; Graham Bell, l'amant ; Stevie Winwood, le capitaine Walker, (le père de Tommy) ; Maggie Bell, la mère ; Richie Havens, le camelot ; John Entwistle, le cousin Kevin ; Merry Clayton, the « Acid Queen » (la reine Acide) ; Ringo Starr dans le rôle de l'oncle Ernie ; Rod Stewart et Roger Daltrey tenant tous les deux indifféremment le rôle de Tommy ; Richard Harris, le docteur, et Townshend en personne comme narrateur. A l'origine, Reizner avait d'abord pensé produire l'affaire sans aucun des membres des Who, mais plus tard il déclarait au *New Musical Express* qu'il avait rencontré Townshend pendant l'heure du déjeuner pour en discuter. *« Pete était intéressé mais tièdement — jusqu'à ce qu'il vienne aux répétions que j'organisais au studio Olympic Sound et qu'il y entendît lui-même ce que je faisais. »*

En s'adressant au même journal, Townshend disait avec emphase : *« Je n'ai aucun mot à dire, mais Roger et moi on donne un coup de pouce de temps en temps en faisant un petit vocal par-ci par-là... Tu sais, des trucs de ce genre. Parce que c'est notre boulot, et si ça marche c'est normal qu'on en tire bénéfice. Non seulement ça, mais on peut dire qu'on participe un peu à l'action... Ce qui arrive mainte-*

nant est incroyable, mais les choses étaient un peu bizarres au début. Tu vois, d'abord, je ne me sentais pas dans une situation confortable à cause du fait que Lou, qui était le producteur de Rod Stewart, voulait Rod dans le rôle de Tommy. Alors, je me suis dit, nom de Dieu, ça va être la super-compétition avec les gens qui comparent l'interprétation de Rod à celle de Roger. J'en ai parlé à Kit (Lambert) et à Chris (Stamp), nos managers, qui pensaient qu'il n'y avait pas beaucoup de chances pour que cela se produise. Néanmoins, j'ai demandé à Lou s'il engagerait Roger, parce qu'il avait entendu les premières bandes et que Roger avait vraiment envie de se mettre dans le coup. La contribution de Rod fut sa version de « Pinball Wizard ». Ce qui est intéressant, c'est que ça a permis à Roger de s'y remettre vraiment et de refaire les vocaux après les avoir travaillés pendant si longtemps sur scène. Dans la version originale, comme dans la plupart des enregistrements, c'était un peu bâclé. Vers la fin, les vocaux n'étaient pas parfaits — sans oublier que Roger a fait des progrès indéniables en tant que chanteur... C'est super d'être simplement assis à écouter l'Orchestre symphonique de Londres interpréter un de mes morceaux de musique. Le fait que quelqu'un comme Lou ait assez d'enthousiasme pour dépenser de l'argent pour rassembler tous ces gens fabuleux, ça me défonce !... J'aime bien jouer Tommy parce qu'il se trouve que je suis fait pour ce genre de chose. Et aussi drôle que cela puisse paraître, ça m'aide à écrire... »

Le fait qu'un producteur puisse prendre Tommy et enregistrer l'œuvre complète, c'était déjà bien, quelque chose de nouveau dans la rock music ; mais quand Reizner présenta l'œuvre au Rainbow en décembre 1972, toujours avec l'Orchestre symphonique de Londres et la plupart des artistes qui étaient apparus sur l'album, excepté Richard Harris (Peter Sellers prit sa place), en récoltant des fonds pour les handicapés physiques, *Tommy* s'est soudain sophistiqué. C'est devenu l'événement social de la rock music de l'année — avec près de 200 musiciens, artistes et techniciens sur la scène, avec autant de personnalités dans la salle. Avant le concert, les tickets à 5 livres montaient jusqu'à 100 livres au marché noir. Grâce à une ironie étrange, *Tommy* était acclamé presque quatre ans après sa création.

« Je dois bien reconnaître que la première fois que j'ai écouté cette version de Tommy, *je ne l'ai pas aimée, mais à présent, je pense qu'elle est complètement dingue »*, a dit Roger Daltrey *au New Musical Express. « C'est très subtil, il est tellement facile de se laisser impressionner par toutes ces stars, mais une fois qu'on a passé ce stade, c'est incroyable, parce que ces stars ne noient pas la musique, tout s'équilibre. Quand on a fait la première version de* Tommy *quelques années avant, on n'a pas réalisé le bruit que ça pourrait faire, et on n'a pas su s'y donner à fond. On ne savait pas du tout comment ce bon sang de truc allait donner. Dans cette production, c'est tellement totalement différent que de chanter avec un groupe de rock, c'est tellement discipliné... »*

A cette époque, Pete Townshend travaillait déjà sur son

28. Pete Townshend, 1972. *(Photo Christian Rose)* ►

dernier projet avec un nouvel enthousiasme — il pensait même l'appeler *Jimmy,* qui devint bien sûr *Quadrophenia ;* l'album solo de Daltrey se terminait et Keith Moon avait émergé avec une gloire inattendue du film *That'll be the day (Ce sera le jour)* — mais Entwistle n'eut pas de succès pour son travail solo, qui, je le pense personnellement, en méritait. *« Au lieu que l'album de John soit bien lancé, bien au contraire il est passé à côté »,* dit Daltrey. Si près de l'événement, il est difficile de sentir la véritable importance des représentations sur scène de *Tommy* de Reizner au Rainbow, mais je pense personnellement que ces deux productions presque externes de leur travail ont permis aux Who de franchir un nouveau pas dans leur carrière. Ça arrive souvent dans la rock music, sans que les artistes eux-mêmes en soient conscients, car les véritables grands artistes évoluent d'une manière multidimensionnelle... en tant qu'acteurs, écrivains, musiciens de studio, personnalités en soi, en une image séparée ou homogène.

Dans le cas des Who, ceci à mon avis, fut le moment où les différentes dimensions ont fusionné ; le groupe a toujours eu cette rare qualité d'être aussi fort que chacun des individus qui le constituaient. Mais à présent, chaque membre des Who, pris séparément, est devenu aussi important que le groupe en lui-même, le rendant ainsi plus fort que jamais.

Pendant les dix-huit mois qui ont suivi les productions de *Tommy* de Reizner, à la fois individuellement et collectivement, les Who étaient dans ce que l'on pourrait appeler la phase créative la plus importante de leur carrière. Alors qu'il avait terminé ses autres projets, Ken Russell était capable de démarrer la version du film de *Tommy* qui devait finalement entrer en production en 1974 avec Townshend et Entwistle supervisant une nouvelle bande sonore dans leur propre studio d'enregistrement, installé dans une ancienne église à Battersea ; le deuxième album, *Quadrophenia,* finit par émerger ; Townshend lui-même fut capable de persuader Eric Clapton de se remettre au travail de scène (d'ailleurs, dans la tournée américaine de Clapton en août 1974, lui et Keith Moon firent le voyage pour faire des apparitions occasionnelles sur scène en tant que « Guest Stars » (invités).

J'étais sûr que *Quadrophenia* était tout aussi important que *Tommy.* Cette fois-ci, Townshend a fait le scénario en entier, mais il dit que l'idée originale d'une chronique du début des années 60 émanait de Daltrey. «*La dimension pure de* Quadrophenia *reflète l'échelle de l'imagination humaine. Il vise haut et souvent atteint plus haut encore. Peu d'artistes sont capables de la concentration nécessaire à produire des épopées de la dimension de* Quadrophenia, écrivait Chris Charlesworth dans le *Melody Maker,* une déclaration que j'approuve. Et Charles Shaar Murray écrivit dans le *New Musical Express : « Là où* Tommy *s'est lancé dans le symbolisme ésotérique,* Quadrophenia *reste dans la banalité quotidienne en ce qui concerne le thème — mais les implications de cette autobiographie d'une génération vont bien au-delà de celles de leurs premières œuvres. »*

Le titre en lui-même était une sorte de boutade : un morceau du groupe se sert du son quadriphonique. Et la façon dont Townshend a imaginé le personnage principal,

Jimmy, comme n'étant pas aussi schizophrénique, (c'est-à-dire bi-dimensionnelle) que quadrophrénique (c'est-à-dire quadri-dimensionnelle) — d'où, en termes imagés, une extension des Who eux-mêmes, lunatique (Keith Moon), romantique (John Entwistle), dur (Roger Daltrey) et mendiant et hypocrite (l'autoportrait de Townshend).

En tant que concept, *Quadrophenia* est probablement plus difficile d'accès pour le public des Who que ne l'était la préhension immédiate de *Tommy*. Il y a une subtilité qui n'est pas immédiatement repérable quand un auditeur suit l'histoire de Jimmy, ce mod qui ne comprend pas pourquoi ses parents, son psychiatre et même le vicaire pensent qu'il est fou, qui n'est pas vraiment à l'aise avec ses copains mods, qui prend des amphétamines, qui quitte l'école pour travailler comme éboueur, qui s'aperçoit qu'il est banni à cause de ses idées de gauche, qui descend à Brighton pour trouver l'ancien chef de sa bande dans un boulot pépère dans un hôtel, et qui, à la fin, n'est même pas capable de réussir son propre suicide.

Townshend a expliqué en partie ce qu'il tentait d'exprimer dans une interview avec le magazine *Rolling Stone*: *«Jimmy s'est un peu trompé d'étiquette, tu vois. Il a l'impression d'être un raté parce qu'il pense que ces pauvres types, ces mods qu'il admirait comme étant les meilleurs danseurs et bagarreurs, qui avaient les motos, les nanas, les vêtements les plus à la mode, étaient vraiment des demi-dieux parce qu'ils possédaient toutes les choses qu'il désirait. La moto la plus cotée d'un mod devait avoir coûté par exemple 300 livres, et ça prenait beaucoup de temps pour un môme de la classe ouvrière pour amasser tant d'argent.*

En vérité, les gens qu'il admirait n'étaient pas des types de son âge, mieux que lui, ils avaient quelques années de plus et étaient tout simplement plus expérimentés. Il arrive un peu trop tard. Dans un sens, il est un mod raté parce qu'il fait l'erreur qu'un mod ne doit pas faire, une erreur de calcul. »

A la sortie de *Quadrophenia*, les Who ont repris leurs apparitions en public après deux années d'absence, avec 20 000 fans faisant la queue pour les tickets lors de leur premier show au London Lyceum ; avec une tournée américaine très populaire en novembre et décembre 1973 ; une

29. Speedy Keene, Terence Stany et Keith Moon, 1972. *(Photo Christian Rose)*

tournée européenne en février, et une série de cinq concerts au Madison Square Garden à New York en mai, vendant en tout 80 000 tickets en huit heures — et ensuite attirant une foule de 50 000 personnes pour un concert au Charlton Athletic Football Ground de Londres.

La qualité remarquable qui émanait toujours de chaque spectacle, et même de chaque interview, était leur manque d'autosatisfaction ; les Who étaient toujours sur le qui-vive, toujours anxieux d'aller de l'avant et d'explorer, poussant toujours plus loin, conscients qu'il restait une quantité de choses à faire. Et ce fut cette même qualité qui les a aidés à travers chaque passe difficile, à travers toutes les périodes qui auraient pu les voir se séparer.

« La raison pour laquelle nous n'avons jamais coulé est, de toute évidence, que personne dans le groupe n'ose transgresser la tradition », dit Townshend au *New Musical Express*. *« Si quelqu'un parle de rupture, il doit vraiment se rincer la bouche à l'eau et au savon... c'est comme jurer dans une église. C'est complètement en dehors du tableau. Il y a déjà eu tellement de montagnes que ce n'est pas une nouvelle qui va nous empêcher d'avancer. C'est pourquoi quand il faut y aller, nous y allons à grands coups parfois. On loue le Madison Square Garden pour quatre jours, et personne ne vient... Je pense qu'un grand nombre de personnes dans le métier voudraient voir disparaître les Who, uniquement pour prouver quelque chose. Beaucoup de musiciens sont suprêmement jaloux du simple fait que nous soyons toujours ensemble. Steve Stills, par exemple... et Eric Clapton aussi... car il est naturel pour tout musicien d'avoir envie d'un groupe avec qui pouvoir jouer. Ce que je*

veux dire c'est que tu peux toujours jouer dans un décor de super-star si tu le veux, mais c'est bien de revenir aux gens solides et qui connaissent tes moindres gestes. »

Et Roger Daltrey déclare au magazine *Sounds : «Je pense qu'il va falloir que nous voyions plus grand que jusqu'à présent. Je pense que nous allons faire un spécial-télé après ce film — parce qu'une fois ce film sorti, nous allons devenir importants. Je veux dire que ce sera complètement dingue pour les Who... Il faut vraiment qu'on travaille les tournées et qu'on sorte plus d'un album par an. Sinon, ce n'est plus les Who, c'est une plaisanterie — un groupe de studios. »*

Ce sens suprême de la mission, cet allant et cette ambition, et le souci sincère que les Who ont toujours eu de satisfaire leur public, c'est tout cela qui les a aidés. Les tentations qui auraient pu les forcer à se séparer et à poursuivre des carrières séparées sont toujours aussi fortes qu'avant, mais au fur et à mesure des années et des succès accumulés, cela devient de moins en moins évident. Même maintenant, les Who en tant qu'unité ont plus de pouvoir et de force que chacun des membres du groupe, et par chance, Pete Townshend, John Entwistle, Keith Moon et Roger Daltrey sont là pour le savoir.

30. John Entwistle, 1972. *(Photo Christian Rose)*

Annexes

PAR ALAIN DISTER

Les Who sont-ils en train de disparaître? Quelques indices permettent de se poser la question. D'abord, un album très différent de leur veine habituelle, *The Who By Numbers*. Un parallèle peut être établi avec la fin des Beatles : les quatre musiciens sont bien présents sur la cire. Mais l'étaient-ils dans le studio? Chacun déjà s'en va vers des occupations solitaires. L'un fait du cinéma, l'autre est en tournée avec son groupe, le troisième fait l'andouille dans les endroits chics... Des similarités curieuses.

Mais ce qui contribue le plus, sans doute, à leur disparition en tant que groupe, c'est peut-être le fait qu'ils sont en train de devenir des personnages de légende. Les mods leur avaient donné naissance, puis avaient disparu. Et voilà qu'aujourd'hui ils renaissent, sous d'autres formes, plus jeunes bien sûr : une autre génération affirme bien haut son désir d'être acceptée, de s'exprimer. Et repousse les vieilles idoles qu'on leur impose depuis quelque temps, tous ces musiciens de l'ère pop devenus de gras et prospères businessmen. Cette génération semble aussi avide d'exister que celle que connurent les Who, dont ils firent partie même dans les années 60. Elle est tellement consciente de la réémergence du mouvement mod qu'elle va justement chercher dans le répertoire des Who les hymnes correspondant à ses aspirations.

Et lorsqu'un groupe monte sur scène maintenant, il est de bon ton qu'il interprète au moins un succès des vénérables mods. Eddie et les Hots Rods («The Kids Are Alright»), Patti Smith («My Generation»), Stinky Toys («Substitute») — pour ne prendre que trois exemples choisis chacun dans un pays différent (Angleterre, Etats-Unis, France). Tous se réfèrent à un moment quelconque aux Who. D'abord parce qu'ils ont été les premiers à hurler au nom de leur génération. Et ce cri restera toujours entendu par ceux qui revendiquent leur droit à l'existence, sinon à la parole.

Les conditions en 1977 sont à peu près les mêmes qu'au début des années 60. Rien n'a vraiment changé, malgré les troubles et les révolutions. L'exploitation et le mépris des jeunes restent les mêmes. Le désir de saisir à pleines mains les moyens de vivre est toujours aussi fort. Mais les termes de cette existence même sont beaucoup plus durs. La crise, le chômage affectent en tout premier lieu la classe des jeunes. La colère, la frustration, mais aussi le ressentiment et parfois le désespoir sont beaucoup plus forts qu'à l'époque des Who. Et ces sentiments ont donné naissance à quelque chose de nouveau, dans sa violence et la brutalité de son affirmation : les punks.

Il est fort curieux de constater à quel point justement ceux qui se rattachent au mouvement punk font de fréquentes allusions aux Who de la période pré-*Tommy*. Aussi bien les vêtements flashy-pop'art des Clash que l'attitude en scène des Hot Rods sont des références directes aux quatre musiciens. Certains vont même encore plus loin. Les Jam, par exemple : non seulement ils s'habillent en scène comme à la ville à l'instar de leurs « ancêtres », mais ils jouent sur les mêmes instruments (guitares Rickenbaker noires), chantent les mêmes thèmes — la ville (« In The City », que l'on peut rapprocher du « Out In The Streets » des Who) et ont cxigé de signer dans la même maison de disques, Polydor. En scène, leur attitude est directement inspirée des grands moments de Pete Townshend — sauf qu'ils ne cassent plus de guitares, crise économique oblige.

Paul Weller, le chanteur de Jam va aussi jusqu'à faire des déclarations analogues à celles de Townshend, surtout dans le domaine social. Ces fameuses interviews de Pete ont d'ailleurs, semble-t-il, servi de base idéologique à tout le mouvement qui se développe actuellement en Angleterre. A ce rythme-là, il ne serait nullement surprenant de voir, par exemple, un courant américain se référer bientôt aux discours de cet autre merveilleux bavard, Jerry Garcia du Grateful Dead.

L'esprit des Who est ainsi « condamné » à vivre très longtemps, au moins aussi longtemps que des jeunes auront envie de hurler « Ma Génération ». Il serait pourtant vain de ne considérer les Who que dans leur perspective de mods en révolte. L'ensemble de leur œuvre ajoute bien d'autres dimensions à leurs personnalités. Il ne fait aucun doute que les tendances mystiques de Townshend ont définitivement changé leur orientation et qu'à partir de là, quelle qu'ait pu être leur nostalgie pour leur jeunesse *(Quadrophenia)*, le temps des mods était bel et bien fini pour eux.

C'est sans doute à partir de maintenant que commence une période assez difficile pour chaque membre du groupe. On ne vit pas ensemble pendant des années sans rencontrer quelques problèmes le jour où l'on se retrouve seul. Il y a bien sûr la tentation de réaliser tout ce qu'on n'a pas pu faire quand on était soumis aux contraintes de la vie commune. Mais cela est bien vite assouvi. Il devient nécessaire de démarrer sur d'autres bases, de se refaire complètement, de trouver une voie réellement individuelle. Et chaque membre des Who semble être encore plongé dans les affres des hésitations, des tentatives sans lendemains et des pointes de nostalgie pour un hier qui n'existera jamais plus.

Alors chacun cherche, dans son coin. Roger Daltrey fait un peu de cinéma, bénéficiant de sa « découverte » par Ken Russell ; et continue à chanter, réalisant un album solo de temps à autre.

John Entwistle tourne avec son groupe, The Ox, et produit d'autres artistes. Keith Moon fait des sessions pour d'autres musiciens, entre deux coûteuses pitreries. Et Pete Townshend, l'âme de ce groupe, continue ses recherches : musicales, en améliorant son propre studio et en étudiant les synthétiseurs ; et mystiques, en profitant de l'enseignement de son maître, Meher Baba : « Ne t'en fais pas et sois

31. Pete Townshend en vol, 1976. *(Photo Christian Rose)* ►

heureux». Cette formule transcendantaliste lui permettra peut-être d'assumer la difficulté qu'il redoute par-dessus tout : vieillir.

Alors, pour se sentir toujours jeunes, pour vivre encore les grands moments de la moditude, l'exaltation et sans doute le pouvoir conférés par les shows de rock and roll devant les foules, les Who remontent sur scène. Et Pete bondit comme au temps de la première de *Tommy,* et Roger joue au lasso avec son micro, et Keith s'affale dans ses tambours, et John, John le paisible, se tient tout droit derrière sa basse. Et l'image des Who, triomphante, enluminée dans un éclat de rayon laser, reste accrochée dans nos mémoires, comme un flash un peu fort dont l'empreinte refuse de disparaître.

Mais le temps n'aura pas plus pitié du rock and roll que du reste. Et déjà se lèvent les cohortes prêtes à assurer la relève. Des centaines, des milliers de jeunes qui, eux aussi, ont certaines choses à faire entendre au sujet de leur génération.

Discographie

(Références anglaises, sauf précisées autrement).

Albums.

My Generation — Out in the street/I don't mind/The good's gone/La-la-la-lies/Much too much/My generation/The kids are alright/Please please please/It's not true/I'm a man/A legal matter/The ox. — Brunswick LAT 8616, *1965.*

A Quick One — Whiskey man/Cobwebs and strange/I need you/See my way/A quick one while he's away/Heatwave/Run, run, run/So sad about us/Boris the spider/Don't look away — Track S 2407 008, *1966.*

The Who Sell Out — Armenia city in the sky/Heinz baked beans/Mary Anne with the shaky hand/Odorono/Tattoo/Our love was/I can see for miles/I can't reach you/Medac/Relax/Silas stingy/Sunrise/Rael 1 and 2 — Track S 613 002, *1967.*

Direct Hits — Bucket T/I'm a boy/Pictures of Lily/Doctor, doctor/I can see for miles/Substitute/Happy Jack/The last time/In the city/ Call me lightning/Mary Anne with the shaky hand/Dogs — Track S 613 006, *1968.*

Magic Bus — *The Who On Tour* — Disguises/Run, run run/Dr. Jekyll and Mr. Hyde/I can't reach you/Our love was/Call me lightning/Magic bus/Someone's coming/Doctor, doctor/Bucket T/Pictures of Lily — Decca - U.S.A. - DL 75064, *1968*.

Tommy — Overture/It's a boy/1921/Amazing journey/Sparks/The hawker (Eyesight to the blind)/Christmas/Cousin Kevin/The acid queen Underture/Do you think it's alright?/Fiddle about/Pinball wizard /There's a doctor/Go to the mirror/Tommy can you hear me?/Smash the mirror/Sensation/Miracle cure/Sally Simpson/I'm free/Welcome /Tommy's holiday camp/We're not gonna take it — Track 613013/014, *1969*.

Live At Leeds — Young man blues/Substitute/Summertime blues/Shakin' all over/My generation/Tommy reprise/Magic bus — Track 2406 001, *1970*.

Who's Next — Baba O'Riley/Bargain/Love ain't for keeping/My wife /Song is over/Getting in tune/Going mobile/Behind blue eyes/Won't get fooled again — Track 2484 026, *1971*.

Meaty Beaty Big And Bouncy — Happy Jack/Kids are alright/I can see for miles/Pictures of Lily/My generation/The seeker/Circles/Let's see action/Pinball wizard/Boris the spider/Magic bus/Substitute/I'm a boy — **Track 2480 071**, *1972*.

Tommy — (version avec le London Symphony Orchestra) — Mêmes titres que précédente version — Ode SP 99001, *1972*.

Quadrophenia — I am the sea/The real me/Quadrophenia/Cut my hair/The punk and the Godfather/I'm one/The dirty jobs/Helpless dancer/Is it in my head/I've had enough/5:15/Sea and sand/ Drowned/Bell boy/Doctor Jimmy/The rock/Love, reign O'er me — Track 2409 203/204, *1973*.

Odds And Sods — Postcard/Now I'm a farmer/Put the money down /Little Billy/Too much of anything/Glow girl/Pure and easy/Faith in something bigger/I'm the face/Naked eye/Long live rock — Track 2406 116, *1974.*

The Who By Numbers — Slip kid/However much I booze/Squeeze box/Dreaming from the waist/Imagine a man/Success story/They are all in love/Blue red and grey/How many friends/In a hand or a face — Track 3194 283, *1975.*

Tommy (bande originale du film de Ken Russell) — Prologue — 1945/Captain Walker - It's a boy/Bernie's holiday camp/1951 - What about the boy?/Amazing journey/Christmas/Eyesight to the blind/ Acid queen/Do you think it's alright, 1/Cousin Kevin/Do you think it's alright, 2/Fiddle about/Do you think it's alright, 3/Sparks/Extra, extra, extra/Pinball wizard/Champagne/There's a Doctor/Go to the mirror/Tommy can you hear me?/Smash the mirror/I'm free/Mother and son/Sensation/Miracle cure/Sally Simpson/Welcome/T.V. studio /Tommy's holiday camp/We're not gonna take it/Listening to you — See me, feel me — Polydor 2625 028, *1975.*

The Story Of The Who — Magic bus/Substitute/Boris the spider/Run, run, run/I'm a boy/Heat wave/My generation/Pictures of Lily/Happy Jack/The seeker/I can see for miles/Bargain/Squeeze box/Amazing journey/The acid queen/Do you think it's alright/Fiddle about/Pinball wizard/I'm free/Tommy's holiday camp/We're not gonna take it/Summertime blues/Baba O'Riley/Behind blue eyes/Slip Kid/Won't get fooled again — Polydor 3577 311, *1976.*

A cette discographie officielle, il convient d'ajouter les compilations réalisées par les maisons de disques. Ainsi en France, chez Polydor :

Best Of Who ,Vol 1 — Happy Jack/Magic bus/Mary Anne with the shaky hand/Pictures of Lily/Call me lightning/Substitute/Overture/I can see for miles/Armenia city in the sky/Whiskey man/Pinball wizard/I'm a boy — Polydor 2480 003.

Best Of Who, Vol 2 — Heaven and hell/The seeker/The hawker/I'm free/Go to the mirror/Tommy can you hear me ?/Run, run, run/I can't reach you/So sad about us/I need you/Circles/Someone's coming — Polydor 2442 113.

Pop History: The Who — My generation/Heatwave/Smash the mirror/Dr. Jekyll and Mr. Hyde/Overture from Tommy/Doctor, Doctor !/In the city/Mary Anne with the shaky hand/I can see for miles/Sally Simpson/Magic bus/You see my way/The acid queen/We're not gonna take it/Summertime blues/Bucket T/Our love was/Christmas/Don't look away/Call me lightning — Polydor 2673 007.

45 tours comprenant un morceau ne figurant sur aucun album.

I'm the face/Zoot suit — Les High Numbers — Fontana TF 480, *1964.*

I can't explain/Bald headed woman — Brunswick 05926, *1965.*
Anyway anyhow anywhere/Daddy rolling stone — Brunswick 05935, *1965.*
Anyway anyhow anywhere/Anytime you want me — Decca — U.S.A. — 31801, *1965.*
My generation/Shout and shimmy — Brunswick 05944, *1965.*
A legal matter/Instant party — Brunswick 05956, *1966.*
Substitute/Waltz for a pig — Reaction 591 001, *1966.*
« Ready, steady, who ! » batman/Bucket T/Barbara Ann/Disguises/Circles — Reaction 592 001, *1966.*

32. Pete Townshend, 1972. *(Photo Christian Rose)* ►

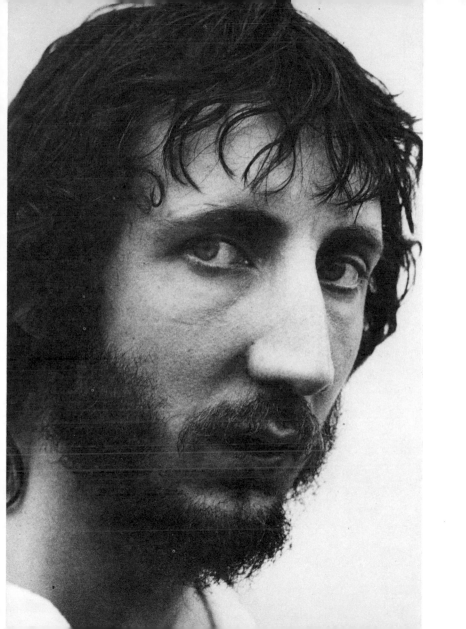

Happy Jack/I've been away — Reaction 591 010, *1966*.
The last time/Under my thumb — Track 604 006, *1957*.
I can see for miles/Someone is coming — Track 604 011, *1967*.
Pinball wizard/Dogs part 2 — Track 604 027, *1969*.
The seeker/Here for more — Track 604 036, *1970*.
Summertime blues/Heaven and hell — Track 2094 002, *1970*.

Outre leurs œuvres collectives, les Who ont enregistré des albums solo :

Pete Townshend — Who came first — Polydor.

Roger Daltrey — R.D./Ride a rock horse/One of the boys — Tous chez Polydor.

John Entwistle — The ox/Smash your head against the wall/Whistle's rhythms — Tous chez Polydor, avec The Ox — Mad dog (Decca).

Keith Moon — Two sides of the moon — Polydor.

Bibliographie/filmographie

BIBLIOGRAPHIE:

THE WHO: *Gary Herman, November Books/*Studio Vista, Londres 1971.

THE WHO: *George Tremlett,* Futura Publications Ltd, Londres 1975.

LES WHO: *Sacha Rheins,* Nouvelles Editions Polaires, Paris 1973.

ROCK AND FOLK: ‹ *Special Who* › N⁰ 110, mars 1976.

FILMOGRAPHIE:

TOMMY: Réalisé par Ken Russell, 1975.

MONTEREY POP: par D.A. Pennebaker, 1967: apparition du groupe au festival de Monterey en juin 67.

WOODSTOCK: par Michael Wadley, 1969: apparition du groupe au festival de Woodstock en septembre 69.

DIVERS:
Roger Daltrey — Rôle principal dans *Lisztomania,* de Ken Russell, 1976.
Keith Moon — Une nonne dans *200 Motels,* de Frank Zappa, 1970.

33. Les Who à l'Ile de Wight, 1969. *(Photo Dominique Tarlé)*

Table des illustrations

34. Keith Moon. *(Photo Christian Rose)*

Sommaire

Collection rock & folk ━━━━

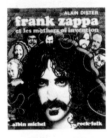

Myra Friedman
Janis Joplin

Patrice Vanoni
Les Culbuteurs

Benoît Feller
Jimi Hendrix

Claude Gagnon
Robert Charlebois déchiffré

John Howlett
James Dean

W.A. Harbinson
Elvis Presley

Gérard Pierrat
Théodorakis

Jean-Louis Lamaison
Soul-Music

Marianne Wurm
Chantez, peuples d'Espagne

George Tremlett
Les Who

A paraître

Antoine de Caunes
Magma

*La composition
et l'impression de ce livre ont été effectuées
par les presses d'Offset/Aubin à Poitiers
pour les Éditions Albin Michel*

AM

*Achevé d'imprimer le 24 octobre 1977
N° d'édition 6053, N° d'impression P 7699
Dépôt légal 4ᵉ trimestre 1977*